ARNO SCHMIDT

DAS
ERZÄHLERISCHE WERK
IN 8 BÄNDEN

BAND 6

EINE EDITION DER
ARNO SCHMIDT STIFTUNG
IM HAFFMANS VERLAG

ARNO SCHMIDT

TINA
—
GOETHE
—
AUS DER INSELSTRASSE
—
STÜRENBURG-
GESCHICHTEN

UMSCHLAGFOTO VON NORBERT BARTH

1.–10. TAUSEND, MÄRZ 1985
11.–20. TAUSEND, APRIL 1985

ALLE RECHTE AN DIESER WERKAUSGABE VORBEHALTEN
COPYRIGHT © 1985 BY
ARNO SCHMIDT STIFTUNG BARGFELD
GESTALTUNG UND PRODUKTION:
URS JAKOB, HAFFMANS VERLAG AG, ZÜRICH
GESAMTHERSTELLUNG: ZOBRIST & HOF AG, LIESTAL
ISBN 3 251 80000 0

Inhalt

TINA
oder über die Unsterblichkeit
7

GOETHE
und Einer seiner Bewunderer
31

AUS DER INSELSTRASSE
63
Trommler beim Zaren 65
Schlüsseltausch 71 – Der Tag der Kaktusblüte 74
Nachbarin, Tod und Solidus 77
Lustig ist das Zigeunerleben 80 – Die Vorsichtigen 83
Seltsame Tage 86 – Rollende Nacht 90
Was soll ich tun ? 93 – Rivalen 96 – Am Fernrohr 100
Geschichten von der Insel Man 104
Schulausflug 108 – Zählergesang 117
Nebenmond und rosa Augen 121
Auf dem Rücken erzählt 127

STÜRENBURG-GESCHICHTEN
129
Ein Leben im voraus 131
Das Heulende Haus 134 – Sommermeteor 137
Kleiner Krieg 141 – Die Wasserlilie 144
Er war ihm zu ähnlich 148
Schwarze Haare 152 – Die Lange Grete 156
Kleine graue Maus 158

TINA

oder
über die Unsterblichkeit

Nacht. Steinufer des Bürgersteigs. Zwischen Blöcken aus Kunstlicht (einer war mir übern Schuh gefallen, und ich zog ihn lieber drunter weg). *Dann strömten Schulmädchen :* schwarze enge Hosen; Spitzbrüste voller Ungedeih. / Stimmengewirbel : sie hielt ihr debattierend eine verruchte Zahl von Fingern hin. / Mein Arm begegnete einer Ärmin : im unteren Drittel aller Gesichter ein fuchsrotes Lächelloch. *Dabei kamen sie vom Schichtunterricht* (was'n Wort wieder ! : Rainer M. Gerhardt bitt für uns !) : die blanken Wurmpaare all ihrer Lippen hielten sich an den Enden gefaßt; P'fesser Eschborn hatte's auch gesagt ! (2 Sekundanerinnen deklamierten sich listig Chamisso zu : »Seit ich IHN gesehen, / glaub ich blind zu sein.« : »Wo ich hin nur blicke, / seh ich IHN allein !«; krumm kichern). / (Ein abgeblitzter Halbstarker äffte sehnsüchtig hinterher : »Laß mich; ich hab heut meine Tage !«. Und schmetterte dann einen halbgefressenen Mohrenkopf an die Auslage= Scheiben der Lokalzeitung : !).

Ein Springborn aus Funken erschien im leeren Neubau. Daneben ein später Hammer schlug dienernd Sterne ein (neue Nagelform; beim Eisenhändler zeigen lassen). A great while ago the world began / with hey ho the wind and the rain.

Beim Apotheker : neben mir der bekannte Mann im grünen Lodenmantel; auch er verlangte Cyclopal und musterte mich scharf. Der Provisor kämpfte wieder und lange mit sich, ehe er auf das alte Rezept etwas rausrückte; »Iss doch Barbitursäure drin !«; ganz entrüstet; das karierte Fragezeichen über ihm, ‹Hustenbonbons›, schnalzte lässig mit dem Schwanz; dann gab er aber doch seine neue Tugra in den alten Stempel. (Er weiß, daß ich Junggeselle bin : soll ich ihn heut zusätzlich schockieren und ne Packung Camelia verlangen ? Als Schriftsteller ist man der Bordellfantasie des Bürgers ja ohnehin immer verdächtig. – Na, lassen wir's; lohnt sich nich).

»Schriftsteller ?« : der Lodengrüne hatte mir zuvorkommend die Tür offen gehalten. Ich antwortete nicht; sah ihn nur mißtrauisch an; entweder Schwätzer oder Kollege, also halb Deubel halb Satan. Murmelte ich demnach ein gekürztes Abweisendes. Aber er blieb rüstig neben mir. *»Richtig : ich kenne den Namen. – Ach,* alles, was keinen Namen hat, ist

glücklich. « Meinte er schwermütig (aber um eine entscheidende Spur zu eingebildet; hielt sich wohl auch für'n großen Mann).

Gefaselgefasel : Bücher ohne Titelblatt rausgeben, ein ‹Fortschritt›; der Verfasser des Nibelungenliedes wäre ‹ein schlauer Hund› gewesen; und so ging das impotente Gelulle straßenlang neben mir weiter.

»*Ein Rat : schreiben Sie* wenig; oder, noch besser, gar nicht mehr ! Dann leben Sie unangefochten auf Erden, und brauchen sich auch nach dem Tode nicht mehr zu schinden.« (Also ein Christ : auch das noch ! – Um ihn loszuwerden erzählte ich ihm von seinen Katholiken : jeden 27. November verehren sie den Buddha Gautama als Kirchenheiligen; denn die Barlaamsgeschichte ist ja weiter nichts, als eine Übersetzung der Lalitavistara. Aber er meckerte nur angeregt : nee, das hatte er noch nich gewußt .... »Tja, diese Heiligen sind auch übel dran !« Der Kerl war total orplid).

»*Höchstes Glück der Erdenkinder ?*« fragte er haßvoll : »Nennen Sie mir *einen* anständigen Schriftsteller, der gern geschrieben hätte : lieber zeitlebens Scheiße schippen ! – : Sind *Sie* Ihrer Individualität noch nie müde geworden ?« Ich senkte den Kopf; ich nickte; es ging ihn zwar nischt an, aber : ja. Täglich etwa zweimal. »Na sehen Sie,« sagte er versöhnt.

(Die Autotiere : sie schlüpften stechenden Blicks umeinander; mit ungeduldigen Stimmen. Wenn der Vordermann einen überlistet hatte, zwinkerte er noch gelbrot zurück. Der tiefe Schlag der Turmuhr bläkte zweimal seine Rindszunge : ich hatte jetzt den dritten Tag Linsen gegessen; Rieseneintopf, selbstgekocht : schreckliche Folgen !).

»*Sie glauben nicht an ein Fortleben nach dem Tode ? Sie sind Atheist ? :* Ich auch.« erklärte er ruhig : »Aber das eine werden Sie mir ja zumindest zugeben : *Alle* leben zunächst noch ein bißchen weiter ! Die verstorbenen Eltern und Großeltern in der Erinnerung von Kindern, Ehegatten, Enkeln, Bekannten – den Begriff des ‹Lebens› mal etwas weit gefaßt. Wesentlich unheimlicher ist die Sache ja bei, sagen wir, Dichtern : die haben in ihren Büchern derart große Portionen ihrer Persönlichkeit deponiert, daß man, solange die gelesen werden ..... : Wie ?« Ich, achselzuckend : »Ja, wenn Sie es *so* meinen – –.« (Aber ansonsten : The dead they cannot rise, / and you'd better dry your eyes, / and you'd best go look for a new love !).

»*N=naja*« machte er vorsichtig. Kleine Stille. Das Diafragma des Mondes, sieh die platte Schweinsblase, neben dem Hochzeitsturm. / Bergunter : ein Handwagen stieß sein altes Weib vor sich her. / Der Grüne bog einer Isetta aus; und ich wollte eben nach der anderen Seite entweichen, als er mich auch schon wieder eingeholt hatte.

»*Ich könnte es Ihnen ja mal zeigen – ?*« (beiläufig; dann murmelnd=nachdenk-
lich) : »Ne Eintrittskarte hätt ich noch. –« (Vertraulich=laut) : »Wir
machen das manchmal : Wäre es Ihnen nicht interessant, dieses ‹Fortleben nach dem Tode› mal in natura zu sehen ?«
»*Ich glaube, jetzt* lassen wir's genug sein !« schnauzte ich ihn wütend an. (»Ihr
Mißtrauen ehrt Sie« sagte er mechanisch dazwischen). Ich wollte ihm
schon eine rein hauen; aber ich bin 6 Fuß groß, und da ist ne unbeabsich-
tigte Körperverletzung allzuleicht fällig. Also stellte ich nur fest : »Sie
sind aus'm Irrenhaus entsprungen.« und sah mich nach Polizisten um.
»*Nee, aus'm Elysium.*« sagte er schwermütig; »und auch nicht entsprungen,
sondern ganz offiziell auf Einkaufstour. – Würde es Sie denn gar nicht
interessieren, Näheres über Jansen zu erfahren ? Oder Wildenhayn : Sie
haben doch mal ne Fouquébiografie geschrieben . . . . .«
Ich fuhr herum : Wildenhayn ? ? : Das wußte Niemand außer mir ! ! Wollte
mich wieder ein Hund um die Priorität bringen ? ! Aber er hob schon
beschwichtigend Hand und Brauen : take it easy : »Ihnen wird es ne
Lehre sein; und Uns kann es auch nur nützen.« sagte er : »Wir dürfen das
alle 10 Jahre einmal machen, daß wir Einen mit runternehmen : ist Ihnen
eigentlich noch nie aufgefallen, daß diverse Dichter in späteren Jahren
aufs Seltsamste ‹verstummten› ? : die hatten nämlich das Elend mit
eigenen Augen gesehen !« schloß er grimmiger.
»*Welches Elend ?*« fragte ich verständnislos : »das mit der ‹Unsterblichkeit› ?«.
Ich schüttelte den Kopf : ich mitgehen ? (Wollte der Kerl mich etwa
berauben ? Ich hatte immerhin – für einen Schriftsteller ein seltener
Fall ! – meine 60 Mark bar in der Tasche : neulich erst hatte ein ameri-
kanischer Soldat einen Taxichauffeur wegen 16 erstochen. Klar, Mensch
: der hatte beim Apotheker mein Portemonnaie gesehen ! !).
(Oder ein Fememord ? ! : Ich war kein angenehmer Autor – ‹nicht ganz
unwichtig› schmeichelte sofort ein Eitelkeitsteufelchen – und bei dem
heutigen Kurs . . . . . .).
Unter der Laterne, auf der Beckstraße : er wies mir im Chlorgas des Lichtkegels
flüchtig die Brieftasche : hatte *der* Bube Zechinen ! Eintausend; Zwei-
tausend, meingott; und in einem Extrafach noch die blauweißen Zeh-
ner ! – – : »Sie vertrauen *mir*, einem völlig Fremden ?«. Er grinste
flüchtig rechts : »Ich kenne zufällig einige Ihrer Bücher : Castum esse
decet pium poetam / ipsum, versiculos nihil necesse est.« »Que las
costumbres de un autor sean puras y castas« murmelte ich ertappt; und
er nickte sachlich dazu : »Ich war nämlich ähnlich . . . .«
»*Aber gar nicht !* : Sie können jederzeit wieder weg; jede Stunde. Ist nebenbei
sogar befristet.« (Der Aufenthalt. Kurz überlegen : wurde oben bei mir

was schlecht ? : Sanella hält sich; Grieß auch; höchstens die Milch – :
»Kann ich noch mal 1 Minute rauf ?« (Schon wegen den diabolischen
Linsen !). »Aber kein Schreibmaterial mitnehmen; das ist streng ver-
pönt.« rief er mir noch rüstig nach.)

* * *

»*Da haben Sie das Memento* ja ständig vor Augen« meinte er, als ich wieder aus
der Haustür zu ihm trat. Wieso ? : er zeigte mit dem Kinn auf die
Litfaßsäule an der Straßenkreuzung, in der eine Zeitungsverkäuferin
ihren Stand hatte. (Wir hatten uns schon mehrfach angeblinkt; ich aus
meinem Fenster oben, sie aus dem Schalter unten, mit Gesichtsscheiben :
kurz; lang : kurz; lang : lang ! Sie hatte noch offen).

Er beugte sich und sagte ein paar Worte (keine ‹fremdartige Sprache›; simples
Deutsch); aber es schien dennoch ein vereinbartes Kenngespräch, denn
sie schob ihr Fensterlein höher, sah scharf heraus : ?, und erkannte dann
wohl meinen Führer. Jedenfalls ging es sofort los mit ‹Nabend, Jan› :
‹Tach, Tina› (an sich n hübscher Name; aber daß der alte Laffe sie gleich
kennt und duzt ? !).

Sogar ein Präsent, was ? (Und *wie* sie aufleuchtete !). »Drei Stück« sagte er
lakonisch. Sie griff blitzschnell nach dem Päckchen, wickelte die ält-
lichen Pappbände aus : !; seufzte glücklich; und sah bedauernd auf ihr
winziges erloschenes Kanonenöfchen : »Na, übermorgen kachel' ich
anständig ein« entschied sie (mainzer Dialekt; unverkennbar) : »Da
wandern sie dann sofort rein. Und noch mal recht schön' Dank !« Er
winkte unangenehm weltmännisch ab, bückte sich wieder zu ihr, und
sie wischelten recht widerlich miteinander. (Von mir ? – ? – Nein;
konnt's nich verstehen).

»*Oja : vom Sehen* kenn' wir uns schon !« Sie lachte, und reichte mir eine
große, raffiniert schlanke Hand (ließ sie auch, solange ich wollte, in
meiner : !). »Ja, kommt nur rein. – : Moment, ich verdunkel' erst !« Sie
ließ das Schiebefenster herunter. Festhaken. Zog eine zylindrische
Eisenblende vor (auch unnötiger Aufwand für die paar Illustrierten und
Senoussipackungen !). Als wir es auf der gegenüberliegenden Seite der
Hohlsäule mehrfach schliessen hörten, gingen wir hinum, und mein
Begleiter (nee; umgekehrt : ich bin ja wohl seiner !) lugte erst vorsichtig
nach allen Richtungen, ehe er mich in den schmalen Zementspalt
dirigierte. (Noch einmal die Uhr ins Laternenlicht : es war 18 Uhr 40
Minuten mitteleuropäischer Zeit). –

Weit vor ins Dunkel greifen : –, –, – : Ah, schön ! (und sie schnurrte eine ganze
Weile amüsiert, ehe sie züchtig : »Ohvorsicht – etwas« sagte). War auch

viel größer, als ich geschätzt hatte, und unsere Gesichter mußten sehr dicht aneinander sein. »Ich knips Licht an« bereitete mein Unbekannter uns vor, und suchte fatal großmütig immer noch nach dem Schalter : »Wo iss denn ? – –« :

Knips ! : schönes, ganz dunkelrotes Licht. Wir standen in dem engen Raum Brust an Brust; ihre Augen gaben beim Aufschlagen ein ganz zartes Geräusch von sich (oder wars Täuschung ?). Ihr langer schwarzer Mund schwamm unbeweglich vor mir.

»*Von den Wänden zurück* –« (seine Stimme) : er mußte wohl wieder einen Knopf bedienen, denn wir sanken ein paar Meter, wie in einem Fahrstuhl; hielten erneut. »Erst noch die Decke oben eindrehen –« beschrieb er sich murmelnd seinen nächsten Handgriff; und ich sah, wie sich eine mächtige Stahlplatte langsam über uns schob. (Ganz schöne Falle ! – Sie mochte wohl merken, wie ich unruhig wurde; denn sie schmatzte ein paarmal ermutigend mit den Augen; hob sich dann zusätzlich auf die Fußspitzen; »Abwärts« kündigte es ausdruckslos=diskret hinter uns an : der geschwinde Ruck drückte zwangsläufig mein Gesicht auf ihres, und sie hielt kunstvoll dagegen).

Ganz langsam einmal (»Schwierige Stelle« brummte er hinten) : durch das leise Surren des Fahrstuhls hörte man Fernbrausen, wie von Wasserstürzen. Sie zog den Mund langsam von meinem ab; holte einen Notizblock aus dem weichen Ledersäckchen an ihrer Hüfte, und kritzelte. (Schob mir auch den Zettel zwischen die Finger : ! – ‹Du kannst bei mir übernachten› entzifferte ich meine Hohlhand; umdrehen ? : ah, die Adresse : ‹Tina Halein / Inselstraße 42›. Zur Besiegelung sofort ein neuer, noch längerer, noch schwärzerer Kuß. Während wir wieder schneller fielen; s gleich g halbe t Quadrat).

*   *   *

Anhalten, Tür auf. Raus : eine Art Polizeiwache. (Sah der Eine, Große, nicht frappant wie Löns aus ? Auch die anderen Wachtmeister schienen sämtlich Charaktermasken zu tragen, nischt wie Tilly und Gneisenau. – »‹Maske› ist gut« bemerkte mein Führer).

»*Kann ich Ihren Namen nicht erfahren ?* – Es ist so unbequem, immer nur ‹Herr› zu sagen, und dann hilflos abzubrechen – –«. »Na ja –« gab er verlegen zu : »also=ä : Althing.« »Althing« wiederholte ich folgsam. (Dann durchfuhr mich's doch : »Althing ? !« mißtrauisch; aber rasch wieder gefaßt. Also Althing, bon. Er wehrte mit schmerzlicher Gebärde; mußte auch gerade einige Formulare unterzeichnen, die wohl vor allem mich betrafen. Ich quittierte ebenfalls in einem Buch, und erhielt die scheinbar

13

überall unerläßliche gestempelte Karte. Tina wartete schon, den ungeduldig schlenkernden Lederbeutel in beiden Händen, unterm Bauch.)

Eine abendliche Straße, menschendurchwimmelt. (Aber wohl überwölbt; jedenfalls blieb die Nachtfarbe über den Häuserdächern stumpf. An der Ecke verabschiedete sich Tina, mit dem modernen ‹Tschüs›. Ich erhielt einen bedeutsamen Händedruck : maid in waiting !). –

Das Standbild : ein Mann, mit dem üblichen zeitlosen Bettlaken um, wies gebieterisch vor seine Füße : ein kauernder Sklave hielt sogleich die streichholzbewehrte Gebärde an einen Haufen marmorner Bücher. Ohne Inschrift. : ?. : »Jener nie genug zu verehrende Omar, der seinerzeit die Bibliothek von Alexandria verbrannte.« »Aha« sagte ich verständnislos. (Rechts die großen Schaufenster ‹Furniture / E. A. Poe›. Daneben ‹Kurzwaren / Ersch & Gruber›. Wir schauten uns eine Zeitlang schweigend an, mit seltsamen Blicken).

Ein Riesengebäude : das ‹Haus der Kommission› : »Sie entschuldigen einen Augenblick.« bat er, und lief zu den großen erleuchteten Schaukästen hinüber (ich natürlich hinterher); und wir studierten gemeinschaftlich die endlosen, mit winziger Maschinenschrift getippten Listen (so ne ‹Liliput=Type› möchte ich *ein*mal haben ! Dazu werd ichs wohl nie bringen.). Er suchte unter ‹A›. Dann aber seltsamerweise noch unter ‹F›. Mein Blick blieb an dem Namen ‹Goethe› hängen, und ich las :

24. Nov. 1955 :

   141 Zitationen in Zeitschriften
    46 Zitationen in Büchern
    81 Zitationen in Rundfunksendungen
    93 mal auf Anschlagsäulen gestanden
       (Vorträge in Volkshochschulen)
 1411 mal in Schulaufsätzen vorgekommen
  804 mal in Privatbriefen
  529 mal der Name in Gesprächen gefallen
  460 mal Verszeilen ohne Namensnennung zitiert
      (davon 458 mal fehlerhaft).

»Ja, der hat gar keine Chancen !« bemerkte mein Begleiter wegwerfend, als er sah, auf welche Spalte mein Blick gerichtet war : »Aber mich hats doch tatsächlich auch wieder erwischt : ein alter Bock in Hamburg hat sich die Erstausgabe des ‹Glöckchens›, von 1800, gekauft ! – Na, das Titelblatt soll schon defekt sein; das ist *ein* Trost.« Haßvoll; atmete schwer, und hatte 2 Fäuste gemacht. (Ist mir alles zu hoch. – Aber ne Tasse Kaffee trink ich mit; gern).

»2 *Espresso, bitte* – ja : große. – 6 Promessen ? : Bitte !« er schnippte zu dem
Wort mit den Fingern, und sie schnippte es weiter zu dem Kassierer
vorm großen Buch, der fliegend eintrug. (Also Milch rein – die Hunde
bohrten vorsichtshalber immer nur 1 Loch in die Büchse, daß man ja
nischt rauskriegte ! Dafür einen Haufen Zucker; Althing notierte auf
einem gelbkarierten Kärtchen die Zahl 6).

»*Sie kennen kein Geld ? !* – Gewiß; unsere Scheine sind ja auch nur Geld-
zeichen; aber Sie – –«. Hier gab es eben ‹Promessen›; und er erklärte mir
diesen letzten währungstechnischen Fortschritt :

Jeder erhält am Monatsersten die Mitteilung, daß ihm soundsoviel Ein-
heiten als Gehalt zustehen – und mit denen muß er dann eben aus-
kommen ! : »Wenn ein Volk ohnehin erst einmal vom Goldstandard
abgekommen ist, und gehörig lange bearbeitet wurde, bis es allen
Ernstes glaubt, seine Regierung könne aus jedem Stück Papier einen
veritablen Tausendmarkschein machen – dann sollte man auch, wie bei
uns, das System durch einen coup de main vollenden : wörtliche
Versprechen, eben ‹Promessen›, an Geldes Statt treten zu lassen. Ich
brauche keine Brieftasche und kann doch 1 Million in bar bei mir haben.
Das Geld kann nicht nachgemacht werden, nicht gestohlen, nicht verbrannt, nicht entwertet – zumindest nicht leichter als bei Ihnen oben
auch !«

»*Alles nur mündlich ?*« fragte ich benommen : »Ja – betrügt denn da Keiner ?«
Er lächelte nur ironisch und wehmütig : »Nein; es betrügt Keiner. Mehr
als satt essen und in *einem* Bett schlafen kann man schließlich nicht. Die
Warenproduktion ist bei uns absolut gesichert, weil das Dasein ohne
Beschäftigung einfach unerträglich wäre. Außerdem macht die Rechne-
rei zusätzlich Spaß, und vertreibt die Zeit. – Sie haben ja auch eine Karte
bekommen.« Richtig ! Ich holte das weinrot gekästelte Kärtchen heraus :
1.000 – in Worten Eintausend – Promessen waren mein (und er bog die
Mundwinkel anerkennend nach unten : ganz anständig ! – Schnell
überschlagen : die einzelne Tasse also 3 Promessen; entsprach dem=
nach – eine etwa – : 20 unserer Pfennige. Und der Kaffee war sogar gut !
– 19 Uhr 30).

Wieder auf der Straße. Plötzlich zog sich sein Kopf ein : er packte krampfig
meine Hand; er riß uns hinter die massive Lehne der halbrunden
Steinbank : »Sssttt !« – (Vorsichtig um die Ecke schielen : 2 Männer
kamen vorbei, groß und unbekümmert lautstimmig; der Eine, Derbere,
im hochgeknöpften Überrock, das volle kühne Haar, die amerikanisch=
breiten Diftonge – : ? – : ! : Ich wollte vor; ich zerrte an seinen Händen,
bis sie weit aus den Manschetten hervorstanden – –) :

»Menschvorsicht !« keuchte er : »es ist ein hitziger Mann ! – Gerade Sie sollten doch am wenigsten – –«; wir kämpften vorsichtig noch ein bißchen, bis ich mich gab.

»Na freilich, Cooper, wer sonst ? ! – – Jaja : genau William Branford Shubrick und Ihr James Fenimore Cooper : sei'n Sie froh, daß er vorbei ist !« Stammeln; antworten. Stammeln; antworten : er bog sich vor, er klatschte mir auf die Schulter : »Ja, Mann, haben Sie denn immer noch nicht gemerkt, daß Sie im Elysium sind ? !«

* * *

Auf dieselbe Steinbank gesunken; er erklärte es, mehrmals, mit Nachsicht (und war angeblich *der* Christian August Fischer, der 1821 die erste umfassende Cooperausgabe bei Sauerländer in Frankfurt redigiert hatte – die gleiche, aus der Stifter den ‹Hochwald› plagiierte; ich besaß selbst ein paar der entzückend=unzulänglichen Bändchen. Und jetzt fiel mirs auch ein : Klar ! : Althing ? : das war doch sein Pseudonym gewesen, unter dem er die ‹Erotischen Novellen› veröffentlicht hatte, die ‹Geschichte der 7 Säcke› oder ‹Der Geliebte von 11000 Mädchen› ? Er nickte verdrießlich. Dann, wild : »Den meisten Schaden hat mir Jean Paul getan, der mich in seiner ‹Vorschule› zitiert hat ! Wenn *die* Stelle nicht wäre – : ich könnte 500 Jahre eher abschrammen !« Er knüllte wieder die Fäuste zusammen, knirschte was weniges, und lästerte). / (»Jaja natürlich : und Grabbe; und die ‹Isis›; und Zach's ‹Monatliche Korrespondenz›; und Johannes v. Müller, 23, 107; und A. G. Eberhard 18, 3 ff. die Buben !«).

»Aber Sie sind doch 1829 ... ?« : »Gewiß,« bestätigte er bitter, »der klinische Tod trat bei mir am 14. April des genannten Jahres in Mainz ein – aber was nützt mir das ? Sie sehen ja selbst – !« und wies mit sektorenbreiter lodengrüner Gebärde nach vorn :

»Jeder ist so lange zum Leben hier unten verdammt, wie sein Name noch akustisch oder optisch auf Erden oben erscheint. Oder, planer gesprochen : bis er weder genannt wird, noch irgendwo mehr gedruckt oder geschrieben vorkommt – dann ist jede Möglichkeit einer Rekonstruktion verschwunden.« (Benommen sitzen und verarbeiten).

Schriftsteller ? : »Solange noch 1 Exemplar eines ihrer Bücher vorhanden ist, besteht schon gar keine Aussicht : was meinen Sie, was Der einen ausgibt, wenn Einer durch die Kommission die amtliche Mitteilung erhält, daß keine seiner Schriften mehr existiert ? !« (Darf dann eine rotgoldene Ansteckmadel tragen). »Oder wenn die letzte Literaturgeschichte verfault ist, die ihn erwähnte ! Dann steht der Name viel-

leicht noch in Kirchenbüchern – der 30jährige damals hat da ja wunderbar aufgeräumt; auch der letzte hitlerische Krieg wieder.«
»Na, leben Sie erst mal n paar hundert Jahre! – Nietzsche ist von seiner ‹Ewigen Wiederkunft› ganz schön abgekommen : der hat die Neese längst pleng!« / »Ach, Sie machen sich ja keinen Begriff von den Möglichkeiten! Mal ganz abgesehen von Palimpsesten oder Textkonjekturen : wir haben Fälle, wo ein Unvorsichtiger zur unseligen Stunde bloß stolz seinen Besitzernamen in ein wertvolles Buch vorn einschrieb, à la Manesse – schon ist er reif, solange das rare Stück nur gehegt und gepflegt wird. Wenn er Pech hat ists sogar noch fotokopiert : seien Sie bloß mit sowas vorsichtig!« / »Einmal hat in Pompeji Einer stolz an die Klowand gekritzelt : ‹Hic ego nunc futui formosam forma puellam› und n Namen drunter : der läuft heute noch hier rum!« / »Schlimm sind die Vorfahren ‹Großer Männer› dran – die ihrerseits gar nischt ausgefressen haben, und jetzt erbarmungslos vom Biografen aufgestöbert werden. – Ja, Gothaer auch.« / »Oder ein noch grausameres Beispiel : ein Bauer heißt Meier; sein Feld im Dorfdialekt also der ‹Meierkamp›. Eines Tages erscheint n Landmesser; der überträgt den Namen auf sein Meßtischblatt : das wird gedruckt : aus! – Dann kommt meinetwegen noch n Autor – einer von den komplett Verrückten, die alles ganz genau machen müssen : jaja : *wie Sie!* – der legt seinen Roman dahin, der Held verschwindet mit der Heldin hinter einer Hecke, eben auf besagten ‹Meierkamp› – : der Arme ist praktisch geliefert! Tapert dann hilflos hier unten rum; rennt zu allen Behörden, und kann nie und nimmermehr begreifen, warum er nicht in Ruhe tot sein darf : da gibts vielleicht manchmal Tachteln, wenn der Dichter dann runter kommt!«
Er stieß mich an, und wies unauffällig mit den Brauen : »Robin Hood. – – Nee; der daneben; der kleine Stämmige.« und ich folgte dem untersetzten Herrn im Kleppermantel eine zeitlang stumpf mit den Augen : konnte es nicht genausogut Odysseus sein? Aber er schüttelte nur unwirsch den Kopf : »Sie denken wohl, der läuft immer noch in Lincolngrün rum, mit m Flitzbogen überm Ast? – Neenee : Alle so normal bürgerlich gekleidet wie nur möglich.«
Auch Tiere? : ein mächtiger schwarzer Kater schob sich mißmutig aus dem offenen Fenster im Erdgeschoß gegenüber; setzte sich, und schlang den Schwanz um die Füße. »Komm, Hidigeigei, komm!«; aber er kam nicht. »Naja; die empfinden s nicht so ganz – aber ihnen fehlen die unsterblichen Mäuse.«
»Die Heiligen? : die sind vielleicht tück'sch! Zumal wenn sie für irgendwas speziell zuständig sind, Bauchschmerzen oder so : jeder Bulle oben, der

zuviel gestemmt hat« (ich erschrak des Todes, so breit=laut sprach er das Wort) : »brüllt ihren Namen, oder schreibt n gar auf n Zettel – neenee die sind ganz böse dran!«. »Könnten Sie nicht etwas weniger zynisch sein ?« bat ich schockiert; aber er bewegte nur würdig verneinend den Kopf : »Einmal war es ohnehin stets meine Art, die Dinge präzise zu benennen – auch die bisher so verlogen=vernachlässigte Fäkal- und Urogenitalsfäre –; und zweitens wird das hier unten binnen kurzem Jeder : sachlicher; nüchterner. Sie sollten jetzt mal Gerok hören. Oder Johanna Spyri –« er feixte so, daß der ganze Lodenmantel hüpfte, »Na, komm'Se; gehn wir noch was essen.«

Eine Art Schnellimbißhalle; lebhaftes Licht von oben : hinter Glas und Nickel die langen Plattenreihen mit – ja mit was ? (Auf jeder nur ein Häufchen zierlicher glashäutiger Täfelchen, Würfel, gerippte Stangen; in verschiedenen lustigen Farben : die ganze Gelbskala; schwarz gekörntes Grau; auch, aber seltener, ein ziemlich widerliches Bonbongrün). Er ließ sich von der lacklächelnden Bedienung 2 Teller herausreichen; sie fügte zu jedem noch eine Art neusilberner Zuckerzange hinzu : »34 Promessen, bitte.« »Vierunddreißig ?!« fragte Althing=Fischer besorgt; und wollte schon seufzend auf seiner Karte abschreiben, als ich ihn – endlich scheinbar bei klarem Gastverstande – zu überreden vermochte : »Was soll ich denn sonst mit meinen ?« und : »Es wäre doch schade, wenn sie verfielen!«. »Das ja.« er gab sehr rasch nach.

»Gehärtete Luft – mit n bissel Geschmack« : richtig; meine Gummibonbons leicht nach Ingwer. (Nur gasförmige Ausleerungen nebenbei; er zeigt mir auch die Zellenreihe, bei der also der Unterschied ‹Für Damen› entfiel. – Und meine Linsen ?! Ich beschloß, mich solange wie irgend ‹tragbar› zu quälen).

»Die Straßen haben nie Personennamen – nur ganz neutral ‹Walkgasse› oder ‹Schützenstraße›«. (Einmal eine ‹Fischhälter›). / »Am Stadtrand wird enorm gebaut; auf der letzten Buchmesse in Frankfurt waren ja allein 12.000 Neuerscheinungen.« / »Die Unberühmten – die große Mehrzahl – die nur in standesamtlichen Eintragungen vorkommen, werden in umfangreichen Barackenlagern untergebracht, wo sie die 100, 200 Jahre bis zu ihrem endgültigen Tode zubringen. Sie sind meist fröhlich, in ‹Dorfgemeinschaftshäusern›, und ‹genießen› die Zeit zum Teil sogar. Haben auch täglich enorme Zu= und Abgänge. – Von uns ‹Ewigen› sitzen viele in den Lagerverwaltungen.«

Der Nebel : er begann unvermittelt von oben herabzusickern, in feinen Fäden, in gewundenen Schlieren. Auch aus dem Boden gaste es fußhoch grau, und Fischer begann zu schimpfen : »Auch das wieder noch ! –«

18

(giftig; dann, ergebener) : »Naja, iss eben Herbst ...« Und erklärte meiner Gesichtsfrage :
Das Wetter wird von einem besonderen Ausschuß entworfen, der also Temperatur, Luftfeuchtigkeit, Niederschläge, regelt. An Eckhäusern, Laternenpfählen, lange senkrechte ‹Windritzen› (von besonders ödem Pfiff an einsamen Bauplätzen). »Bei Tag kommt von der Decke helles diffuses Licht; zur Zeit ist Nacht.« (und gähnte konsequent. Also bat ich : »Wo kann ich übernachten ?«. »Oh, in jedem Hotel –« sagte er gefällig : rechts, links, gradeaus. »Und morgen früh rufen Sie mich getrost gleich wieder an. – Felicissima notte !«) –

* * *

Allein durch die nächtliche Stadt irren : 21 Uhr 56 ! : »Können Sie mir sagen, wie ich am besten zur Inselstraße komme ? –. –. : Ah, danke !«
Beinahe umgerannt ! ! : Trotz seines zweispitzigen Vollbartes flitzte der Kerl wie ein Wiesel; schlug Haken; durch Vorgärten; die Zehn mit Knütteln immer hinter ihm her ! Preschte durch Häuserschatten, übersprang mit Hürdentechnik ein letztes gestelltes Bein, wetzte hinten um den Kiosk, und entschwand auf langen Frackschwingen in einen hübschen kleinen Park. – Die beiden Polizisten ließen sich weit mehr Zeit. Der Eine blieb sogar in der Nähe stehen, und ‹riegelte› angeblich die Straßenkreuzung ab (während sein Untergebener noch ein Stück weiter zockeln mußte). Zog sogar einen Stumpen heraus und nahm ein paar Züge. »Die Könige der Goten« erläuterte er mir auf Anfrage gleichmütig : »Sind wieder mal hinter Felix Dahn her – na, er ist ja behördlicherseits bei Bewilligung der Einreisegenehmigung ausreichend darauf hingewiesen worden –« pff=pff : »Inselstraße ? : die zweite rechts.« (Pff : Mensch, rauchte der ein Kraut ! Selbst die Luft weigerte sich, die Schwaden anzunehmen; erstickt : »Dabke –«).
Zweite rechts : ein ‹Junggesellinnenheim› : ich besah hilflos die Riesenfront schachbretthaft erleuchteter und dunkler Fenster – –
Bei der Pförtnerin : ein dickes Geschöpf, die nur einen Blick auf die Rückseite meines Zettels warf; dann, zum Schlüsselbrett (ein Niagara aus Kleinstahl !) : »Ja, ist anwesend : Zimmer zwozwosechs –« der üppige bunte Arm wies in Richtung der Fahrstühle. (Eben kam auch einer unten an; man stieg aus. Dann verkündete das helle Erzengelgesicht des langen Liftmädchens sein ‹Aufwärts›. – »226 ? : Fünfter Stock«. –. –. –. –. –. : »Bitte« : »Danke sehr !«. –, –, –, : ‹Tina Halein› ! :
»Ja bitte ? : !« : Tina ! – Ich nahm sie gleich in die Arme, sie, mit auseinandergeschlafenen Haaren (hatte sich ein Stündchen hingelegt gehabt, ‹um für

mich dann ganz frisch zu sein !›; sie, schwarze kurze Flammen um ein Blaßgesicht). 22 Uhr 12. –

23 Uhr 12 : »*Donnerwetter* !« flüsterkeuchte sie. Noch einen Schoppen Luft. Erhob sich, meinen Schaum vorm Bauch; und machte als allererstes Kaffee : »7 Minuten ziehen –«. (Hohe spitze Porzellanbecher setzte sie hin).

Inzwischen hinterm Plastikvorhang ihres Brausebades : Gymnastik in der Seifenblase. »Nö; passieren tut hier unten grundsätzlich nichts.« Prusten und Stirneschütteln. – Das Wasser schmeckte ausgesprochen nach Eisen, oder, genauer noch : »Tinte ?«. : »Mm kann sein – kommt direkt aus unterirdischen heißen Quellen, sprudelte das strähnige Gesicht; kauerte in die Bodenwanne, und neckte sich mit 2 spitzen Fingern; setzte sich ganz, und schlang die Schenkel locker=fest um meine Füße.

Von unten durch Wasserschallen und Händegeschmatz : »Aber, gelt : Du zitierst mich nicht ?! – ‹Tina› ja; das gilt nicht, das besagt gar nichts, das darfst Du.« Sie spielte flink mit ihren Zehen, und flocht die Finger hindurch; kniete, und bewunderte mich mit ‹Och !› : »Du bist ja unzerstörbar : hast Du denn keine feste Freundin, armer Kerl ? – Aber laß uns erst noch rasch Kaffee trinken –.«

In Sesseln, Jeder vor seinem Mar aus Kongokaffee. Sie im gelben Kimono mit großen schwarzen Bakterienkolonien, wie Teufelinnen lieben. Pantoffeln feuerrot; das Haar kunstvoll verkämmt : wie Teufelinnen lieben.

»*Fischer hat erzählt ?* – – *Ach, nicht doch;* das Ganze geht ungefähr so vor sich. – Du wirst oben geboren, und lebst – : nein; 1801 bis 77; iss doch egal ! –. Dann ‹stirbst› Du; das ist ziemlich unangenehm; Beängstigungen, weißt Du, so Luftmangel : ahhhh ! Herz bleibt stehen. Aber das Bewußtsein setzt meist sehr rasch aus –« sie gab der Luft einen gleichgültig kleinen Klaps : »Jedenfalls Du erwachst wieder. Dämmerungen und Stimmengemurmel. In einer Riesenhalle – ungefähr wie ne Reitbahn – in einer Menschenschlange. Wenn Du vorn am Schalter bist, füllen sie Karteikarten aus; Du erhältst Deinen Personalausweis; gehst weiter durch; wirst erneut abgestempelt; mit früheren Bekannten konfrontiert – darunter mindestens 2 Feinde ! –. Ein Omnibus fährt Dich zum Bahnhof; Du steigst in Deinen betreffenden Zug ein, kriegst Reiseverpflegung und so – und landest an dem Dir zugewiesenen Ort.«

Wählen ? : »Mm – kaum ! – Du darfst wohl sagen, Du möchtest gern mit Dem und Dem zusammen sein; und wenn sichs irgend verantworten läßt, steht dem nichts im Wege. Aber es gibt eben doch Rücksichten : man könnte ja nie und nimmer Goethe und Bielschowsky zusammensperren. Nein, hier unten ist man wohl gerecht, aber nicht unnötig

grausam. – Oder Dich dereinst mit Fouqué –« fügte sie hinterhältig hinzu, und zappelte sich vor Vergnügen die Beine lang, als sie mein Gesicht sah (das hätte sie aber besser nicht tun sollen !) –
: »*Also die Länge* ist ja geradezu polizeiwidrig !« entschied sie entzückt=entrüstet. (In der Tausendstundenuhr ringelreihten frohlockend die glitzernden Flaschenteufelchen. Sie sprach etwas zu einem Loch in der Wand; schloß die ins Unsichtbare tapezierte Klappe. Und entnahm gleich darauf einer Art Briefkastenschlitz 2 vorgewärmte Frotteehandtücher).
»*Und jetzt gehn wir* schlafen : morgen iss auch noch ein Tag. – Sonntag; da brauch ich nich rauf.« / Später : »Nö, n Pyjama für Dich hab ich nich.«
Nebeneinander im Dunkeln. Nur die üblichen Abstrakta der Straßenlaternen kamen durch den dünnen Vorhang. Der Kunstwind jaulte vorbildlich. Draußen war auch der Nebel wieder verschwunden. Sie gähnte behaglich und leer.

»*Nö – man kann sich den Körper* aussuchen : fast Alle nehmen ihre Leiblichkeit, wie sie um die Anfang Zwanzig war, wo man gut in Form war. Manche Männer auch ihre 17 : wegen m Rasieren. – Oach.« Sie legte ein glattes faules Armtau über meinen Brustkasten; am Ende wars aufgedrieselt zu schlappen Fingern. Aus Schlaftrunkenheit die letzte Antwort : »Die ersten 10 Jahre wird meist nur ge . . .« (und kicherte, als ich sie auf den Mund klopfte) : »Anschließend geht man gewöhnlich als Einsiedler – da gibts extra Buntsandsteinwüsten mit Salzseen; Versteinertes und so –« (Sie versuchte vergeblich, die Faust tiefer in meine Achselhöhle zu bohren; fand aber doch keinen rechten Platz für ihren Arm und gabs murrend auf) : »Dann fangen sie meist an zu saufen; toben und lästern : auf die Unsterblichkeit; die ganzen Einrichtungen hier unten. Danach verfallen sie in ein bockiges Dösen; auch ein ganz paar Jahre – und dann werden sie allmählich wieder normal. Nehmen Stellen an. Kümmern sich um Arbeit. Und trösten sich mit dem Gedanken, daß ‹ewig› eben schließlich doch nichts währt : schon Zweitausendjährige sind ja nicht allzu häufig bei uns.« Sie bewegte sich ungnädig, schnob schlafsüchtig ‹Hn›. Tat auch ihr linkes Knie noch zu den meinen; bürstete einmal mit dem Kopf meinen Hals (und entschlummerte. Auch ich beschloß, das Wundern auf morgen zu verschieben). –

* * *

Morgen. Schüchternste Dämmerung : nein ! : sie fühlte sich gar nicht an wie eine 154jährige ! Hier nicht. Und da nicht. Und dort erst recht nicht ! : Ob mich die Gesellschaft etwa bloß belog ? ! Ob ich zufällig in eine der (ja sicher längst vorhandenen !) unterirdischen Städte geraten war, die sich

Politiker und upper ten für den Fall des Atomkrieges einrichten ? Die
Assassinen gaben ihren Anhängern ja auch ab und zu ne Spritze, und
schafften sie dann ins paradis artificiel ! – Ich stand auf; ich sah mich leise
aber wild um – – (erst mal die Heizung wärmer stellen; waren bloß
16 Grad).

Nackt vor der Wand : erst kriegte ich die Klappe gar nicht los (und hätte sie vor
Ungeduld beinahe abgerissen ! – Halt : so gings) : »Hallofräulein ? – :
Bin ich hier nun wirklich im Elysium, oder bloß in ner atomsicheren
Höhlensiedlung ? !«. »Augenblickbitte« kam die dienstlich=leiden-
schaftslose Stimme : »ich verbinde mit der Auskunftszentrale ....«
(rübersehen : ? : nein. Tinkatinakatharina pustete gleichmäßig die Zeit
weg : bei jedem Atemzug stirbt 1 Chinese. Und werden 2 geboren !).
»*Bitte sprechen !«* – – : *»Ja, hier Auskunft –* : *?* : Nein; Sie befinden sich im
Elysium. – – Nein ! – – Nei-nein : ach über *Ihre* Bücher führen wir eine
genaue Kartei : wie oft Sie darin Hauff erwähnen, oder Bismarck ....«
»*Bismarck ? ? ! !«* (frohlockend und wild : jetzt hab ich die Betrüger !) :
»Bismarck ? : ich werde den Teufel tun, und in meinen Büchern den
Buben auch nur nennen !« (Die Gauner, die !). Pause. Ich wollte schon
sieghaft die Klappe mit der Faust anklopfen, als die Androgynenstimme
eben wieder näher kam : »Sie haben bisher – in Ihren Werken den
Namen ‹Bismarck› dreimal genannt : Faun Seite 79; Brands Haide 110;
Umsiedler 14 ....«. Ich duckte den Kopf; rechts mein lädiertes Knie fing
an zu wackeln; ich stammelte : »Das ist – – eine infame ....«. Kühl,
statistisch, Encyclopaedia Britannica, fuhr das Wandloch fort : »Die
letzte der angeführten Stellen lautet wörtlich – : ‹Sie schwärmte immer
noch von – in französischen Anführungszeichen – unserem herrlichen
Bismarck› – : ?«
Ich erblaßte; ich stemmte die Stirn gegen die Wand : richtig ! Jetzt erinnerte ich
mich: in Niedersachsen ! Sah unter mir die männlich=schüttere Haarflur
meines Bauches; die optisch kühn verkürzten Beine. Auch Füße. – –
»Danke.« sagte ich nach einer Weile heiser zu der Mauer. Es antwortete
nicht mehr.

Wieder im Bett, im Kopf die Gedankendrehscheibe : das war aber doch !
..... (Tieck angeblich Tischlermeister; Hoffmann hatte ne Weinhand-
lung en gros. Und schon überlegte ich tatsächlich, was ich dereinst hier
mal betreiben könnte ..... : ich hab ja auch n Knall, daß ich auf so was
immer gleich eingehe ! Und bloß gut, daß meine Bücher sich so schlecht
verkauften : vom Prunkstück, dem Leviathan, warens erst 902 ! .....)
Aber dann drehte ich mich doch wieder entschlossen zu ihr : was n Irrsinn
alles ! : Das hübsche feste Gesäß; kräftige Schenkelseide; eine Taille –, – :

sie wurde langsam wach – die heißen, vom Schlaf etwas erweichten Brüste : da ringelten sich ihre Armschlangen schon an meinem Hals; sie umfloß mich, und ich verschwand eine Weile in ihr.

*Gehärtete Luft zum Frühstück ? : * Nee. Aber ne solide Tasse Kaffee, das ja. (Und kalt wars draußen geworden, ‹Wetterumschlag›, ein ganz feiner harter Schnee, sparsam und trocken – wie sie *den* wohl fabrikmäßig herstellen mochten : schon ging meine Fantasie wieder in *der* Richtung los ! Raffiniert unregelmäßige Windstöße schleiften ihn in Protoplasma-schlieren über die ausgefrorenen Straßen.)

»Mon Dieu, der Briefträger !« : sie grub ihre fünfziffrige Zange fast schmerz-haft in meine Hand, und schnaufte ahnend Verdruß, als der Schwarz-uniformierte unten zur Pförtnerin einbog. (Erläuterte auch : die Dunklen bringen schlechte Briefe; gute werden von Grünen ausgetragen. Weitere Erläuterung : schlechte Briefe = Benachrichtigung über Zitierung oder gar Neudruck; Freudenbotschaften = verschwundene Exemplare, getilgte Namenseintragungen undsoweiter).

Ein Mittelding zwischen Klingeln und Surren : begann erst leise, schmeichelte sich ins Bewußsein, wurde sogleich lauter – und brach ganz plötzlich fordernd ab : ! (so daß man einfach aufstehen *mußte* und sehen, was er hatte) : einen schwarzgeränderten Brief ! Sie popelte hastig den Finger in die Ecke, und platzte den Umschlag damit auf; riß aus dem gesägten Papiermaul das Blättchen und überflog : ‹Kathinka Zitz; Name zitiert in einem Lokalartikel der Mainzer Freiheit› – »Gottseidank; bloß ne Zei-tung.« machte sie erleichtert.

»Achnaja : ich hatte mal n gewissen Zitz geheiratet, bin aber gleich wieder geschieden worden. – Neinein, ich heiß' schon Tina Halein : mein Mädchenname.« Sie pflanzte sich trotzig auf eine Sessellehne und schlenkerte mit den Unterschenkeln; stieß auch Verdrießluft aus der Nase. Seufzte einmal : »Na, 90 Prozent meiner Romane sind schon als Makulatur weg – untersteh Dich, und lies einen davon, Du ! – Am meisten Schaden hat mir der Artikel in der Allgemeinen Deutschen Biografie getan : wenn ich *den* Schuft hier hätte !« Erhob sich auch resolut : »Ich hab heut ja noch gar nich geflucht – Moment !«. Sie ging zum Schrank, reckte sich, legte oben die kleine lebhaft lackierte Sanduhr um – und begann zu schimpfen; mit einer Intensität; einen Wortschatz hatte die Frau; zumal schöne französische Flüche : Namen, haßvoll breit, erhielten nichtswürdige Beiworte; Faustbälle; bei mehreren mäanderte ihr Mund zum Fürchten und lief über; einmal trampelte sie sogar vor Wut : ! : ! ! ! –

Dann war der Sand abgelaufen. Ich faßte sie mitleidig am Arm, half ihr, die

Brüste zurück in den Halter schieben, und geleitete sie zur Couch, sie, mit beträntem Gesicht. »Die Lumpen!« sagte sie noch einmal erschöpft; ermunterte sich aber bald wieder, und verlangte, noch intensiver getröstet und gestreichelt zu werden.

(Die Fluchviertelstunde : Jeder muß täglich 15 Minuten lang seinem Biografen fluchen; Rezensenten; auf Goedeke; sämtliche Auflagen des Brockhaus, den ersten ganz großen Meyer, Leser und Heimatforscher, I love a good hater).

Gutenberg ? : verbirgt sich in öden Wäldern, erlesen einsamen Klüften; ständig auf der Flucht, schläft jede Nacht woanders (wie Cromwell). Verbringt den überwiegenden Teil seiner hiesigen Existenz in Gips. – »Ja, aber Du hast doch auch Bücher hier?« sah ich das Hängebrettchen am Kopfende des Bettes an. (Books of fiction also erlaubt; solche, wo keine reelle Persönlichkeit genannt wird. Und das Titelblatt muß raus, aha.) Schach viel gespielt; Kinos gibts; die Mode wechselt angemessen. »Autos nicht : man hat ja Zeit. Ansonsten wird eben redlich gearbeitet; aus Leibeskräften geliebt – ‹In tausend Jahren ist alles vorbei› : damit muntern wir uns immer wieder auf.«

Die Wandklappe öffnete sich schief : »Nanu! Iss die kaputt?!« rief Tina befremdet; hüpfte von meinem Schoß, und bog vorsichtig an dem Scharnier herum (während schon die Vermittlung ankündigte : »Anruf eines Herrn Fischer – wollen Sie da sein?«). Sie sah zu mir herüber; wir nickten kurz; ich übernahm mit ‹Hallo!›. Und dann verabredeten wir uns für – : ? – : »Nein, jetzt sofort nicht. Zum Mittagessen : wir haben vorher noch Einiges zu erledigen.« Sie griente anerkennend, die Unterlippe zwischen den Zähnen; und ich vereinbarte sachlich Zeit und Treffpunkt. –

* * *

Zeit : Mittag; Treffpunkt : Mexikanisches Restaurant : heute schmeckte das Geleestück also nach Chile con carne. (Ich zahlte großzügig die lumpigen 80 Promessen; blieben noch – : 586. Ich hatte Tina 300 für ne elastischere Sprungfedermatratze geschenkt). Wie gut aber, daß ich Fischer traf; wir flüsterten und schmunzelten (das heißt : ich gequält; er lachte vor Wonne wie ein Frosch, sub aqua sub aqua. – : »Moment, Tina : wir sind sofort wieder da!«).

Draußen : man sah, wie es in seinem Gehirn arbeitete. : »Mensch! – Wunderbar!!« keuchte er, über eine begeistert gespreizte Pfote hinweg : »Gehts noch hundert Meter? –« und unterstützte mich zärtlich=ungestüm, wie ein Vater : »Sachte; ganz sachte – – : Hier : Hinein!«

Zwanzig Meter entfernt, hinter einer Buschreihe : die Linsen ! (Während er Schmiere stand : meingott, was n Krach ich machte. Und er wieherte entzückt von fern, wie da meine Bauchpresse arbeitete. – Bloß weg !). (Am Tor der Villa auch noch *so'n* Messingschild : ‹Maximilian Emanuel Franz Freiherr von Lerchenfeld›. : ?. : »Hat mir damals 3 Jahre Festung verschafft : der wird a Freud haben !« und lehnte sich an eine Hauswand, um bequemer röcheln zu können. – »Aber bitte nichts Tina sagen !« : »'türlich nich, 'türlich nich.«)

Dennoch war es sein Erstes : sie steckten, unterirdische Kumpel, sofort die Köpfe zusammen – schon zog es ihr den Mund auseinander; die Nasenlöcher nüsterten immer weiter; sie biß ins Taschentuch, Wasser purzelte ihr aus den Knopflöchern (während ich eisig an meinem Strohhalm saugte : so schieden sie wohl die aufgenommenen Flüssigkeiten aus; durch die Augen. Seine Hände bildeten immer wieder den Riesenhaufen : »Und Farben, Tina : so was ham se bei Ministers überhaupt noch nich gesehen !« Warf sich zurück, die Sau, und gurgelte skythisch).

Also weitere Fragen ausdenken (beleidigt tun hat ja keinen Zweck !) :

1.) Schlüsselromane ? : Er schüttelte verneinend die Maultasche : »Gelten an sich nicht als Zitat; aber die betreffenden Persönlichkeiten sind ja meist auch anderweitig zichfach festgenagelt.«

2.) ‹Wie schön leuchtet der Morgenstern› ? (die Anfangsbuchstaben der 7 Verse ergeben bekanntlich einen Namen). : »Gilt als Zitat !« bestätigte er.

3.) Plagiieren ?. : »Können Sie, soviel Sie wollen. : Im Gegenteil ! Das gilt bei uns als gewisses Zeichen, daß man anfängt, rar und vergessen zu werden – wird durchaus begrüßt !«

4.) Strafen ?. : »Es passiert relativ wenig. Prügeleien sind natürlich an der Tagesordnung – und meist sehr berechtigt : Neuankömmlinge, ahnungslos=stolze Verfasser von Anthologien, werden oft furchtbar zugedeckt; oder Biografen von ihren Dichtern. Die allerschwerste Strafe, und ganz selten verhängt – etwa Ihrer Todesstrafe oben zu vergleichen – ist, wenn ‹Einfälle› nach der Erdoberfläche versandt werden. So daß einem Skribler beim Klauen in der Bibliothek (oder auch im Traum) der ‹Einfall› kommt : Der oder Der wären doch eigentlich recht interessante Leute gewesen, über die man ein Nachtprogramm machen könnte.« (Ich lächelte erst mit; brach aber plötzlich ab, und erinnerte mich).

Der Wirt, in Mexikanertracht, der Sombrero saß ihm betrüblich einfallslos, geleitete uns bis zur Tür; und wir wollten schon auf die Straße treten, als im Radio eine Sondermeldung kam, mit Achtungachtung und Feuerstrahlen von Fanfarenstößen vorn und hinten. Erst begriff ich die Begeisterung meiner Begleiter nicht : sie hielten wie elektrisiert, mit erleuchteten und gespannten Gesichtern : ? – – –

(Ich verstand die Fachausdrücke aber nicht ganz. Jedenfalls sie nickten einander angeregt zu, und debattierten immer um mich in der Mitte Wandelnden herum). .

»*Morgen nachmittag* kann sich Einer auflösen : der hat Schwein ! Ist erst rund 400 Jahre hier; und eben kam die offizielle Bestätigung der Kommission, daß das letzte Exemplar seines Namens verschwunden ist : ein Kind hat auf dem Dachboden zwischen altem Gerümpel und Akten mit Feuer gespielt – der betreffende Kaufkontrakt, Alles, inklusive Haus, ist verbrannt !« Sie atmeten tief und glücklich. (Ich wollte erst nach dem Kinde fragen; unterließ es aber, da die Leute hier offensichtlich andere Sorgen hatten).

»*Neinein – da dürfen Sie nicht* dabei sein ! Das sind unsere größten Feierlichkeiten ! – Außerdem fahren Sie ja morgen früh schon mit Tina und mir wieder nach oben; dann sind Ihre 36 Stunden rum.«

»*Beschreiben ja; das schon : Also* wenn oben ein Name endgültig erlischt, darf sich hier unten der Besitzer ‹auflösen› : was meinen Sie, wie der jauchzt ? Mit welcher Spannung er am Fernseher verfolgt, wenn der Augenblick naht, wo sein letzter Leser das Buch zuschlägt, mit ‹Na, so ein alter Bockmist !›; und es für nächsten Morgen zum Feueranmachen klein reißt ! Dann prüft die Kommission – ganz recht : das große Gebäude von gestern – noch einmal alle Unterlagen; und unterrichtet ihn, daß er an dem und dem Tage, zu der und der Stunde und Minute, ins Nichts eingehen darf. Er zieht seinen besten Anzug an. Vor dem Nichts wartet schon der Verwaltungsbeamte. Zuschauer stehen diszipliniert im Viereck, alle in frohlockendem Bunt; Freunde und Bekannte drängen sich glückwünschend (und neidisch) herzu. Auf dem Bronzedreifuß glüht ein Koksbecken; er bekommt all seine Karteikarten ausgehändigt und darf sie eigenhändig über die Flämmchen säen. Dann wird er durch eine hohe Tür nach innen in einen Saal geleitet, an dessen Stirnwand ein paar Marmorstufen hinunter, ins Nichts, führen – habs selbst schon gesehen; war zweimal als offizieller Zeuge mit dabei !« –

: »*Je nun : er springt* hinein und ist weg ! Futsch ! Auf ewig verschwunden !«

»*Was wird aus ihm ? Energie ?*« (fiel mir ein). »Scheiß Energie !« sagte er entrüstet : »Nichts. Gar nichts ! Die habens eben geschafft, mein Lieber !«

»*Weiß ‹die Kommission›* diesen Zeitpunkt denn nicht von Jedem im Voraus ?« (tiefsinnig, wie ?). »Die Kommission weiß n Dreck !« schnauzte er, noch

immer ungehalten : »Niemand ist allwissend !«. Gott ? : »Ach Gottfff«
sagte er nach einer Weile wegwerfend; und ich fragte nicht weiter.

Ratschläge von beiden Seiten (und mein Kopf ging angestrengt zwischen
ihnen hin und her, wie damals, als ich Dolmetscher bei der Polizeischule war) :

1.) »Vernichten Sie Ihre Freiexemplare !« (auch die andern möglichst
aufkaufen : »Das Geld rentiert sich dereinst.«). »Schreiben Sie keinen Brief mehr.«

2.) »Keine ‹Memoiren› hinterlassen. Nichts Archiven anvertrauen !«
(»Ogott : ich habe 1 Exemplar nach Marbach gegeben !« stöhnte
ich entsetzt. »Na dann ! !« gratulierte er grimmig).

3.) »Lassen Sie sich nach dem Tode verbrennen : da gibts dann keine
Schweinereien wie mit ‹Dem Neandertaler› : beinahe hätten sie das
arme Luder auch noch ran gekriegt !«.

4.) »Was haben wir die Erfindung des Radios zuerst begrüßt : nichts als
ungültiger Schall und Rauch ! – Aber dann kamen schon wieder die
Tonbandgeräte : sprechen Sie nie auf Band ! : Hüten Sie sich vor
deren Sammlern !« – – –»Na, gehn wir noch mit zu Tina; n Köppchen
Tee trinken.« –

* * *

Tee bei Tina : sie schnitt ihm hinterm Rücken eine ungeduldige Grimasse;
aber er zog (zu unserer Erleichterung) nicht erst den Mantel aus (mußte
noch zu Fontane & Spitzweg, in die Apotheke : Aufträge für seine
irdischen Besorgungen, morgen, abholen). Stille; nachmittagsschläfrige.
»Könnten Sie nicht –« (er; einschmeichelnd) : »Ihre paar Bändchen der Sauer-
länderschen Cooperübersetzung vernichten ? Wo ich vorn als Heraus-
geber erscheine?«. – »Vernichten – nicht« bat ich zögernd; aber : »Würde
es nicht genügen, wenn ich die Titelblätter rausschneide, sie durch
maschinengeschriebene ersetze : und Ihren Namen einfach weglasse ?«
Er leuchtete auf : »– Sehr gut ! Das geht auch; ja.« (erleichtert, und rieb
sich schon die Hände) : »Und schönen Dank auch. – Wir sehen uns also
morgen früh um halb 8 vor Wache III : und bitte pünktlich ! – Na, Tina
kommt ja auch mit : byebye.«
Die spanischen Reiter ihrer Armbeine; Nägel und Zähne gaben Stacheldraht
genug.
Also im weißen Dschungel ihrer Glieder : manchmal blitzten ringsunten
Augen; in warmen Spalten schlürfte es Worte; Ketten Keuche flogen
auf, Zimmer voll ‹u›. Das Dorngesträuch zweier Hände jetzt über mir :
sie schlug den schweißigen Mund auf mich ein; sie erdrosselte mich

mittlings mit Beinen; die weißen Kabel ihrer Arme am Horizont wurden rauh und steif : ‹u !›.

Gefällt übereinander. Ihr Haar hing von meinem Kopf. Unsere Atemkolben stießen breiter vorbei. Geklebt : »Achdu«.

»*Zu einer reichts noch – für uns Beide !*« : tranken wir also gemeinsam, Mann & Frau, diese Tasse Tee. (Der Siebdruck an der Wand : signiert, ein echter Eberhard Schlotter, e. s., und wir nickten bewundernd : mühsame Technik !).

»*Ja aber nun andererseits !*« fiel mir ein : »Wenn ich die Namen meiner Feinde auf einen Zettel schriebe – oder, noch besser : in ein Silberplättchen ritzte ? – : Das rollen; in ein Glasrohr schieben; zuschmelzen ! : Das wiederum in ein Bleikästchen, eben eine richtige time=box, die sich ewig und drei Tage hält – und die dann an ausgesucht öder Stelle vergraben, tief im Hümmling oder in der Sahara : *das* wäre doch ein Racheakt ! Denn man könnte es ja theoretisch jederzeit durch Zufall wieder auffinden ? !«. Meine Fantasie entzündete sich : welche Möglichkeiten !

»*Oder gar mehrere Exemplare, Du :* und eins ins Meer werfen ! In 5.000 Meter Tiefe schlummert das bis zur nächsten Triasjurakreide !«. Sie lauschte leuchtenden Blicks; sie nickte; immer überzeugter : »Du, wenn Du *das* machen könntest – !« (ein tief verheißungsvoller Blick) : »Tu mir'n Gefallen, ja Du ?! : schreib ‹Ludwig Fränkel› mit drauf : Eff, Err, Äh .... Das ist nämlich der Schuft, der mich in die ADB gebracht hat !«. Sie lachte erlöst : »Du, wenn Du mir *das* versprichst : ich komm jeden Mittag zu Dir rauf; und – –«. Schon nahm ich sie strafend in die Arme : »Das wirstu gefälligst ohnehin tun ! – und jede Nacht außerdem –« fügte ich, jedoch nicht ganz ohne Beklommenheit, hinzu : ich war immerhin schon im konsularischen Alter. (»Nachts darf ich nich.« schaltete sie auch schon züchtig ein : »Abends muß ich Punkt 19 Uhr zumachen, und wieder runter.«) Ich noch, galant : »Eigentlich müßte ich Herrn Fränkel ja dankbar sein : sonst hätte ich Dich vielleicht gar nicht kennen gelernt !« Sie zog aber nur ein schiefes Maul ob des (hier) unangebrachten Kompliments; und wir besprachen lieber noch weiter diese time=box (ein teuflischer Einfall wars schon !).

»*Riskier' ich aber auch nicht zuviel damit ?*« : sie schob erst die Unterlippe vor – ? – schüttelte dann aber entschieden ihre Ponies : »Du hast ohnehin schon so viel auf m Gewissen : was hat, zum Beispiel, der Pape schon in Hoffnung gelebt, ehe Du kamst. Oder Brandt, Guthe, Bode, wie die Brüder alle heißen. – Und dann die paar Namen ! : Deine persönlichen Feinde *kann* Dir die Kommission aus Gründen der Gerechtigkeit nicht anrechnen – und mein einer Fränkel –« sie bewegte verächtlich das

Kinn, und wir vereinbarten es fest : »Aber bestimmt jeden Mittag Du !«. »Oh, an mir solls nicht scheitern.« versprach sie listig; bettelte aber doch noch : »Und *Du* siehst auch zu, daß Du gedrucktes Material über mich auftreibst, und verbrennst es dann vor meinen Augen, Ja ? – Ach, prima !«

Der Nachmittag verrann. Der Wind fing wieder stärker an zu heulen. Die Junggesellinnen gingen rascher über die weißsprühenden Höfe. (Schön, daß es fast keine Kinder hier unten gab : es war so viel stiller). / Jede Stadt also eine Riesenhöhle für sich; ein paar hundert Kilometer weiter die nächste, durch lange Untergrundbahnen sparsam miteinander verbunden. Aus sprachlichen Gründen die antiken Leute für sich; Asiaten die Russen natürlich auch. – Na, das konnte sie mir ja dann alles noch, an den kommenden Mittagen, hinterher, verklaren).

Halt; dies noch : »Also haben Holberg (Niels Klim) oder Jules Verne (Voyage au Centre de la terre) angedeutet, daß . . . ?«. Sie nickte bestätigend : »Die waren Alle mal hier. – Achnee : auch schon früher. Diese ganzen Sagen von ‹Gnomen›, ‹Hohlen Bergen›, geht alles auf Uns zurück.« Hephaistos, Orpheus & Eurydike, Nekyia, sogar Empedokles. Auch Tieck (Reise ins Blaue hinein) : »Der hat fast *zu*viel verraten ! Oder ein gewisser Steinhäuser, 1817 –« (winkte aber ab, als sie meine fragend sich öffnende Hand sah : führt jetzt zu weit. Also mal unter ‹Steinhäuser› nachsehen).

Was ist demnach das beste Rezept für ein Erdenleben überhaupt, oben wie unten ? : »Aufs Dorf ziehen. Doof sein. Rammeln. Maul halten. Kirche gehen. Wenn n großer Mann in der Nähe auftaucht, in n Stall verschwinden : dahin kommt er kaum nach ! *Gegen* Schreib= und Leseunterricht stimmen; *für* die Wiederaufrüstung : Atombomben !«.

»‹*Vom Nutzen und Nachteil* der Historie für das Leben›« murmelte ich. »*Sehr* richtig !« versetzte sie nachdrücklich : »also Nachteil !«. –

GOETHE
und
Einer seiner Bewunderer

Endlich war es gelungen, Tote wieder lebendig zu machen; oder, präziser ausgedrückt : Leute, die das erste Leben und den ersten Tod erlitten hatten, auf kurze Zeit wieder zurückzurufen (ichweißichweiß; exakt müßte ich sagen : das n=te Leben; und jetzt befinden sie sich in n plus 1. – Natürlich hatte es mit den Unsterblichkeitstheorien des Christentums nicht das geringste zu tun; es war wieder mal ganz anders).

Aber wozu die langen Erläuterungen; die Sache selbst ist ja jedem Kinde bekannt, zumal seitdem Knaur jetzt die Volksausgabe darüber herausgebracht hat (vom ‹Bonjour immortalité› dieser elfjährigen Pariserin ganz abgesehen. Und dem Rororo=Taschenbuch).

Natürlich sind 15 Stunden nicht viel, zugegeben; aber es ist doch schon was, wenn man sich mit Hannibal ante portas unterhalten kann. (Obwohl das sofort zu den ersten Unstimmigkeiten führte : Walther von der Vogelweide hatte sich arg darüber beklagt, daß die Germanisten das Mittelhochdeutsche so komisch aussprächen. Und bei der byzantinischen Theodora hatte man vor dem verzweifelten Dilemma gestanden : die Professoren für Griechisch konnten nicht mehr gut; und wer gut konnte, hatte noch nicht genug Ahnung vom Griechischen !).

Das war es nämlich : jeder Revenant mußte selbstverständlich ‹geführt› werden ! (‹Zur Austarierung des Zivilisationsgefälles›, wie es sich vornehm=offiziell eingebürgert hatte; also, plan gesagt : um allzu häufiges Überfahren- und Verhaftetwerden zu vermeiden; dem ‹Alten› konnte zwar nicht viel passieren, aber es ging kostbare Zeit dadurch verloren; für den ‹Führer› wurde eine zusätzliche, auf 24 Stunden befristete, Lebensversicherung abgeschlossen – die aber doch wohl von problematischem Wert war : die ‹Police›, in einem Sprachgemisch aus ‹Kritik der reinen Vernunft› und ‹Finnegans Wake› abgefaßt, gab in § 811 b nicht undeutlich zu verstehen, daß Antitrinitarier, zumal, wenn ihnen die Tonsillen, sei es auch nur zum Teil, entfernt wären, von einer ‹Zahlung im bürgerlichen Sinne› so lange ausgeschlossen sein sollten, ‹bis die distributive Einheit des Erfahrungsgebrauches, die an der Spitze der Möglichkeit aller Dinge steht, zu deren durchgängiger Bestimmung die realen Bedingungen hergegeben› hätte !).

Also Maler möglichst vom Maler (da hat man ungefähr die gleichen Charakter-defekte); Dichter vom Dichter, nischt wie Fugger & Welser.

Und sehr interessante Kombinationen waren da schon vorgenommen worden ! General Dr., der Oberkommandierende der NATO, hatte Aëtius (eben-eben : 451; Schlacht auf den Katalaunischen Feldern – als Nebenergebnis hatte man rausgekriegt, wo die eigentlich lagen) zur Führung durch Westdeutschland bekommen. (Der sich aber sehr skeptisch geäußert haben soll; die Protokolle waren natürlich geheim gehalten worden, trotz einer ‹Großen Anfrage› der SPD; es hatte lediglich geheißen : er habe sich ... ja, ich weiß nicht mehr genau; jedenfalls kam in dem Kommuniqué zweimal ‹christlich=abendländisch› vor).

((Man munkelte sogar, die Amerikaner hätten bereits Hitler konsultiert – découvrierend nebenbei, wieviel Millionen deutsche Bewerber sich, lediglich auf das bloße Gerücht hin, für speziell diese Führung angebo-ten hatten ! Anscheinend war zuletzt der bekannte groß=greise Politiker R. dafür gewonnen worden – aber ich will mich nicht festlegen, der Andre kann's auch gewesen sein !)).

Jedenfalls war allmählich die Reihe an mich gekommen. Nach einer Regen-nacht. Straßen matt geschliffen. Unter Grasschraffierungen; oben sacht fuchtelnde Laubrosetten. Ich begab mich – zu Fuß natürlich; ich besitze noch keinen Kabinenroller – zur Akademie.

Akademie : da war es still und kühl. Ich stieg den vornehmen Hügel hinan, auf umbüschelten Beinen; drückte Türen ein – – : »Ach ja. – Ä-bitte. « (Die Sekretärin : einen Bi-Ceps hatte die Frau ! Auch von hinten : postgelber Schal; die schwarze Bubikugel; Stücke von Traktorenreifen unter den Füßen, die Geckin; Popo wie 'ne Reichsunmittelbare; ich fuhr ein Stück mit den Augen hinein : ? : ! – sie merkte's nicht; blieb still und kühl, der Rock; naja, die braucht Niemanden zu führen !).

Und hier die Listen : putzig, putzig. (Und typisch : meine Kollegen, die Feiglinge ! !). Natürlich hatten sich die Leisegänger grundsätzlich Leute rausgesucht, wie Hölty; notorisch sanften Charakters und winziger ‹Gesammelter Werke› : da brauchen sie nicht viel zu wissen. / Schulze aus Celle. / (Neulich beim Uhland=Durchblättern gefunden : ‹Tell's Platte›; na, immer noch besser, als gar keine Haare; aber was n Gegen-stand für'n Dichter wieder !). / Wie soll man bei Schriftstellern wissen, ob's ne Prä= oder Ex=Nova ist ?

Die waren ja Alle vorsichtig geworden, seitdem Johann Christian Günther den jungen Mann der Gruppe 47 noch vor Mittag in den Hintern getreten hatte, gröhlend vor Suff und Wut (und den Rest seines Fünfachteltages im Puff verbrachte; peinlich, aber I can't help it!). / Auch ETA Hoffmann war

äußerst ausfällig geworden; hatte gefragt, ob man denn formal gar nicht auf der ‹Prinzessin Brambilla› weiter gebaut hätte – sein ‹Führer› hatte nicht mal die ‹Asiatische Banise› gekannt ! / Den furchtbarsten Reinfall hatte man mit Wieland erlebt : der hatte sich am Abend hingesetzt, und den bösartigsten Protest an eine Pressekonferenz gegeben, gegen den größenwahnsinnigen Trottel, Prof. M., der es gewagt hatte, ihn ‹informieren› zu wollen ! (Übrigens waren gerade hierbei die interessantesten Sachen herausgekommen, die man früher nicht gewußt, oder doch nur geahnt hatte; so hatte Wieland ärgerlich=beiläufig bestätigt, daß Goethe sich oftmals vor der weimarer Herzogin=Mutter auf dem Teppich gewälzt, »und durch Verdrehung der Hände und Füße ihr Lachen zu erregen gesucht« habe : das muß man sich mal genau vorstellen ! !).
Also weiter die Listen – – durchblättern – – : Hier ! : ein Altphilologe, der ‹auch› dichtete, hatte Johann Heinrich Voß genommen : der würde sich auch ganz schön umgucken, der Kollege ! Ich grinste erheitert; und stellte mir den alten plattdeutschen Recken an der Seite des feinen asthmatisch geblähten Männchens vor : die Kerls haben ja sämtlich Phimose des Sprachgefühls ! (Und sind folglich als zeugungsunfähig zu betrachten !). / Mit Heinse könnte man ne solide Partie Schach spielen.
An sich hätte ich ja Fouqué nehmen müssen; aber das hätte nur widerliche Streitigkeiten und Erörterungen zwischen uns gesetzt, biographischer Details wegen (und außerdem war mir Einer vom RIAS zuvorgekommen. – Das heißt : Fouqué hätte mich sowieso abgelehnt, da ich ja nicht einmal von Briefadel bin !). / Brockes ? : Hatte mir ein hamburger Lokalmatador weggeschnappt (und ich hab doch das berühmte, mehrfach gesendete Nachtprogramm verfaßt, Bitternisbitternis ! – Nochmal Kopfschütteln).
»Kann ich nicht Pape kriegen ? – Samuel, Christian, P a p e ?« – Sie machten lange Gesichter; sie sahen in ihrer Kartei nach : Pa; Pa; (Papageno ?) – – : der war noch gar nicht vorgesehen ! Ich erinnerte mich, daß ich bei einer Akademie war, und schwieg (war unrecht, die Frage an solche Leute zu richten). (‹Künstler› ? : das ist bei Denen scheinbar nur der Freibrief, das Geld für den Friseur sparen zu dürfen).
Weiter fingern, über die Zeilen der Ungewählten. Die Morgensonne, unterstützt von Laubgeflatter, ließ Lichtplättchen auf dem Schreibtisch schneppern (und draußen der Mopedfahrer : das Papier war ihm aufgegangen, und er zeigte wütend=ergeben mit dem blanken Kotelett in die neue Richtung : ! – Die Sorgenvollen hatten's nicht mitgekriegt; wollen ja auch keine Realisten sein.).
Mensch ! : Hier ! ! (Und ich steckte unwillkürlich die Hand in die Hosen-

tasche. Feixte. Mir war heut auch ungewöhnlich ruchlos und akimbo im Geist). Ich schob die Zungenspitze über einen Backzahn (um die Aussprache noch salopper zu gestalten!) und wies mit Kinn und Bleistiftverlängerer; dazu ein englisches 'here'! (Ganz kalt. Und warten). *Sie* starrten ruckigrabig. Entsetzten sich. Murrtenprotestierten. Schwichtigten erlöst. Lächelten ratlos. Bestrichen sich die weißdornigen Ledermasken mit vielen Fingern : »Ts : Oh!«. *Einerseits : »Nein!« : »Nie ! !«.* (Andererseits wieder *sehr; »Jadoch !«).* Eigentlich hätte natürlich der 1. Vorsitzende ... (aber der war seit Wochen von schwerer Heiserkeit befallen; einem höchst rätselvollen und noch gänzlich unerforschten Leiden. Tja). – »Hmm.« – *Ja, manches paßte natürlich, sicher.* (Ich hatte boshafterweise ‹Gotteslästerung› angedeutet!). »Ah – richtig«, murmelte er versonnen; ein Blick zu den Herren Kollegen : ? : und auch die nickten stark geschürzten Mundes : gar nicht uneben; er war ja da auch nicht so ganz; Venez. Epigr. Nr. 67. (‹Atheist› ? : das wollte bei der ‹jetzigen Lage der Dinge› Keiner sein. Und auch sonst nicht. Und war der gewichtigste Grund gewesen, warum Kr. letzten Endes und schweren Herzens verzichten mußte – der nebenbei auch von Naturwissenschaften keine Ahnung hatte). *»Ach, auch sonst.« : Ich war unehrerbietig* genug; das wußte man zuverlässig. Verstand mehr von Mathematik, als Schwager Kronos. Und würde vor dem alten Wichtigtuer schwerlich weich werden. (Schon kicherte der Ein' und Andre wohlgefällig). *»M=Ä : Im Vertrauen –« :* man enterte mein Knopfloch (eines der wenigen Besitztümer, dessen ich mich ungescheut rühmen kann; Knöpfe selbst sind schon ein anderes!) – : »Ä=Sie wüßten auch Einiges *gegen* ihn?«. Ich schürzte nur den frischrasierten Mund : »Hätten S'sich meinen Funkessay über Wieland mal angehört!« / »Von Spektralanalyse werd ich ihm erzählen, bis ihm seine eigene Farbenlehre zum Ekel wird!« / »Die Gemeinheit, mit der er entscheidend dazu beitrug, daß Oken's ‹Isis› – eine der besten Zeitschriften des Jahrhunderts! – verboten wurde.« / (»Okens ‹Isis›«, murmelte Derjenige bestätigend, der garantiert die wenigste Ahnung davon hatte; und mich überkam die unsinnige Lust, ihm ein Streichholz an den Spitzbart zu halten; vielleicht nachher, wenn ich ihm Feuer gebe, mal sehen). *Kurze offizielle Prüfung : »Wer ist* Crugantino?«. Ich antwortete kühl : »Streichen Sie's ‹C› weg.« (Sie entnahmen solcher Antwort mit Recht, daß ich sogar die diversen Varianten der Claudine kannte, und gingen zu den wichtigsten Details über). Nämlich : *die Spesen! : »Für Schiller* sind in Marbach seinerzeit achtundfünfzig D-Mark ausgeworfen worden !«. Ich kühl : »Kunststück : Schiller !«; sie, wieder Entrüstung, und nochmals : »Ausgeworfen !«. / Nach langen sorgenvollen Flüsterkonferenzen, zumal mit dem herbeitelefonierten Kassierer, bewilligte man uns schließlich 63 Mark 50 (wozu der sprachlose 1.Vorsitzende – sichtlich erleichtert, daß er die Führung nicht zu übernehmen brauchte ! – mit großer Geste noch 2 Mark 50 zulegte; aus irgendeinem Reptilienfond; spielte dann auch mehrfach auf meine ‹66 Mark› an). / Man klingelte; klatschte orientalisch – ein geschminktes Schmalmädchen erschien, die steifen schwarzen Locken wie abgebrannte Streichhölzer, ein Auge deponier ich ! – : auf der listigen Hand 3 Zwanzigmarkscheine (der Rest in Fuffzijern; ich kitzelte die zarte Fläche nicht schlecht beim verantwortlich=langsamen Abnehmen; und sie lächelte mich Kapitalisten prüfend an, Überundüber : welche Naivität, das *mir* und *heute* schon zu übergeben, also nischt wie weißen Bordeaux ! Schon deutete der Sekretär etwas von einer ‹Kaufhallen=Platte› an : »Sehr sättigend und schmackhaft : Wohlfeil !« (Na, Du wirst Dich umkucken !)).

Ja und was dann ? ! : ‹Ich will küssen : küssen sag ich ! !› ? – Der einzig Handfeste war. K. E., Chidher der ewig junge, der mir zum Abschied ein Zettelchen zwischen die Finger schob, mit der Adresse eines ‹guten Maidleins› – die Stadt blamiert sich ja bloß : anstatt 3 gutgewachsene Oberprimanerinnen verschiedener Größe und Färbung zur Verfügung zu halten; nach dem entsprechenden zündenden Aufruf hätten sich bestimmt 50 Freiwillige gemeldet ! Kein Geist mehr in dem Volk ! !

»Wann ? ! – Ochmein'twegen !«. – (»Neinein : die Presse wird erst unterrichtet, wenn er wieder weg ist; ä=die Öffentlichkeit.«). –

Heimweg : etwa 30 Kapitäne und Borgwards parkten vor dem Lokal drüben; also anscheinend n sudetendeutsches Flüchtlingstreffen (ich war selbst aus dem Osten; aber gegen die kam keiner auf).

(Bootbesitzer taufen ihr Paddelbötchen ‹Erna› und ‹Lilo› : warum werden solche Namen nicht auch Autos rechts an den Bug gemalt ? ! (Bei Motorrädern an'n Tank). Ganz nach Geschmack, ‹Lorelore›. / Katholen können Heilige wählen. / Ich selbst – – tja, es war doch nicht – – was würde ich – – ? / Jedenfalls die Idee erst mal an Opel schreiben : durch diverse Filmstars, Fritz Walter, Onassis, propagiert, würde die Mode sich über Nacht verbreiten, ganze Buchstabenindustrien erzeugen ‹Mucedorus & Angostura›. / Schüchterne Liebhaber erklärten sich damit, Rechtskreise um die unangesprochen Angebetete fahrend : daraus mehr Unfälle, mehr Fahrerflucht, Prozesse, Rückwärtsgang und Herzeleid, Vollbeschäftigung, sehr gut ! / Jetzt fiel mir auch meiner ein :

‹Nikolaj Iwanowitsch Lobatschewski aus Kasan›. / Und, natürlich ! : auch eine weitere Sicherung gegen Diebe : wer keinen dran hat, ist sofort abgesägt=verdächtig : also gleich nach Rüsselsheim schreiben !).

(Umrechnen muß ich ihm Alles : Preise in Thalern; Entfernungen in Meilen (à 7,5 Kilometer). Und ich war 6 Fuß groß; obwohl das auch schwankt; sowohl ich, als die Fußmaße. Und verfluchte mich innerlich, daß ich mich jetzt schon derartig vorbereitete – waren doch noch acht Tage Zeit, heh ? !). –

1, 2, 3, 4, 5, 6, 7, 8 :
(und ich stand doch vor Nervosität um 4 Uhr 20 auf; Mist ! Für Klopstock wär ich 5 Minuten *nach* der Zeit gekommen; für Schiller *überhaupt* nich, ohne ‹t› : Mist !)

Also darauf einen Dujardin !

Und zur Akademie : »Der Vorhang hat schon geraschelt !« gestand der Sekretär mir atemlos, und, pausbäckig gehaucht : »– Schwierigkeiten ! –«; entschwand auch auf hastigen Kreppsohlen; und ich schniefte nur : Marlborough s'en va=t=en guerre / ne sait quand reviendra : Come on ! *Come on ? : wesentlich kleiner* als ich. Ich neigte den Kopf. (Frische Gesichts- farbe; also sicher ‹Maidlein› !); schon gingen wir nebeneinander den Schloßberg hinunter. –

‹Mythologische Figur› ? ? : der Witz war gut ! : oben Weib, unten Motorroller / Aufenthalt ? : Straßen und mondhelle leere Kreuzwege. / Saugt Unvor- sichtigen das Mark aus, zweifellos ! / Auf Vasenbildern oftmals vor Tankstellen; an Benzinröhrchen lutschend; mit kurzem wehenden Haar; hinter sich entführte feiste farrenäugige Jünglinge. / Wir ergänzten einander derart Schlag auf Schlag, daß er das erste Mal befriedigt grunzte (nicht etwa, daß ich aufschneiden wollte : hab ich gar nicht nötig !).

Alles mußte ich ihm erklären (Dampfschiffe kannte er; obwohl er sich eine Art Papinschen Topfes darunter vorstellte, na egal).

»Meteore oder – ?« : er hatte 3 Düsenjäger erblickt; und ich gab ihm ein digest über die Entwicklung der Luftschiffahrt seit Blanchard (er kannte nur das Wort ‹Jäger› in grünem Loden, mit'm Waldhorn im Quermaul; allenfalls noch die Freiwilligen von Leipzigeinundleipzig – wir grinsten gemeinschaftlich über jene Unternehmungen, und kamen einander wiederum ein Stückchen näher : bon !). / Ihm einreden : »Ja. Natürlich können wir Wolken nach Belieben erzeugen.« »Und färben !« fiel mir noch ein.

»Nein : Häuser kann man heute auch scheibenweise kaufen.«

»Nein : das Hemd tragen die Männer nicht mehr in der Hose, sondern *drüber.«*

»*Nein : Telefonzellen !*« (seine Kenntnis der alten Sprachen erleichterte das Erklären maßlos !).

Ostbahnhof : er war von den Schienen nicht wegzukriegen, keinen Fuß, keinen Zoll, keinen Shathmont; nischt wie ‹Dampfdom› und ‹Pleuelstange›; und nickte gar olympisch um sich herum. Ich lockte ihn weg mit *Frauenmoden :* das gefiel ihm schon recht ! Er bewegte den Unterkiefer im schlaffen Hautüberzug bei einer langen Weißblonden ('strapless'); seitete näher an eine überdralle Schwarze in Leotards und sichtbar ohne falsies (und ich dachte disgusted ‹Du alter Bock !› – aber das heißt, mit 70 wird man wohl genau so sein. Änderte ich's also in ‹alter Genießer›; und kniff betrübt den Mund ein. An ‹Faust› hatte er sich noch spontan erinnert, ebenso ‹Götz› und ‹Werther›; auf ‹Ifigenie› und so hatte ich ihn anscheinend erst durch die Namensnennung gebracht).

(Und intressant ! : *genau Henry Millers Theorie entsprechend,* ‹das Realitätsgefühl durch Obszönitäten erhöhen› : er wurde, auf dem Umwege über das, was gebildete Literaturhistoriker immer ‹seine Frauengestalten› nennen, sichtlich wacher, disons le mot : ‹lebendiger› ! Ich erinnerte ihn aber auch ständig=diskret an ‹seiner Erdentage Spur› : *wieder* ne Motorrollerin ! –

Einschaltung : woraus man am besten ersehen kann, daß es sich hier wirklich um einen Tatsachenbericht handelt; ansonsten hätte ich, als gewiegter Kurzformenkonstrukteur, eine solche peinliche Motivwiederholung garantiert vermieden ! Aber das ist die Theorie der Anderen, der ‹Handlungsreisenden›; bei mir passiert aus Prinzip nischt – nicht, daß ich katastrofenfeindlich wäre, o nein – na ist egal;)

diesmal ne Reinmachefrau, den Besen über der Schulter, am linken Lenkerhorn einkaufstaschte's Eimergrau; kurzes altes Haar; im Körperkittel ruhte die Busenmacht; die Augenscheiben aus Selen erkannten Verkehrsanweisungen lange, ehe sie zu befolgen waren : Blocksbergkandidatin, den Schädel (innen) voller Transistoren. »Die alte Baubo kommt allein« murmelten wir, am Straßenufer; es knatterte unter den breiten Schinken, die Wadensäule stand dick neben ihr; und sie legte sich ruhig, souverän, in diese Kurve : ‹ne Frau› muß nicht immer 17 sein; au contraire !

»*Unsere Bibliotheken ?* : *sind* zerstört. – Ich komme darauf zurück; ich gehe nach einem sorgfältigvorbereitetenplanvor« fiel mir ein (was ihm sichtlich schmeichelte; obwohl er nur würdig nickte, à la ‹wird sich wohl auch so gehören›). / Krane kannte er in ihren einfacheren Formen; würdigte es aber sogleich, wenn ich ihn aufs leere Eisengespinst hoch über Bauplätzen aufmerksam machte plus der blond gegossenen Locke irgendeines Fräuleindarfischswagen, die ganztiefunten dicht Überdensteinen, eine Straße

in Aschersleben heißt so, vorbei ... : ja was ‹vorbei ...› ? ! / Wir berieten
lange : ... zog, ... trieb, ... schwebte, oh Scheiße !, .. ging (er, wuchtig),
: ... zirkelbeinte ! (ich !); so seltsam mischte sich's gelbe Mädchenfell mit
unserm Wortvorrat und dem schlotterschen Hintergrund : ... wandelte;
Humboldtcurrent; ... weidete (? : nein; dafür ging sie zu schnell, den
Kopf zu hoch). Leider war sie schon um die Ecke; und ich wußte auch
nicht, wo sie süß und dürr wohnt. Jedenfalls besahen wir einander nach
dieser Kraftprobe, nicht ohne Mißtrauen, und Jeder wippte einmal kurz
nickend mit der Stirn.

Weiter unterwegs, dicht vorm ‹Roten Turm› : Mensch, war das nicht ... ? ! ... :
! ! : Trotz Schiebermütze, blauer Monteur=Montur, und aufgeklebtem
Bärtchenzirkumflex, unser 1. Vorsitzender ? ? ! ! Also ist *der* neugierig !
(Oder war er etwa heimlich beauftragt, von ‹der Kommission›, mir
wegen der 66 Mark nachzuspüren ? Die kriegen ja alles fertig !). Er hielt
sich unbeholfen, (man merkte sofort, daß er nicht dahingehörte), an
einem Baugerüst fest, und versuchte handwerkern zu grinsen; in der
Hand den milchigen Kleinleib einer toten Glühbirne (den Tod sah man
an dem seitlichgrauen Faulfleck); die falschen Zähne drückte er mit der
Schwätzerzunge vorsichtshalber an den Gaumen; dichter ...
»*Dichter ? : O gehen Sie doch !*« – wir waren uns also auch darin einig : »Kahle
Feiglinge sind's !« (die sollen sich ihren Punktpunktpunkt in'n Punktpunktpunkt stecken ! Er fragte nickend nach den ausgelassenen Worten,
und erhielt anstandslos Auskunft : wenn wir Genien unter uns sind, bin
ich offen, wie sich's geziemt.)
In der ‹Kaufhalle› : (im ‹Kaufhof› hatten sie meine Bücher mal nicht gehabt;
seitdem ging ich eisern zur Konkurrenz; wer wirft den ersten Stein ?).
Unten Schlüpfer, oben Büstenhalter : nix Pornografie : die Verkaufsstände ! – Er
erkannte sie gleich; wie ein Mann sie kennen soll. / Die bekannte
Verkäuferin, die mich anlächelte, ersah er ebenso wie ihren Halo aus
Neonröhren (Du hast ja ooch Blumenmacherinnen gepunktpunktpunkt :
nix Pornografie !). / Ja, die Rolltreppen wuchsen hierzulande groß und
schön; die ja; (eben betrat ein Offizier der Neuen Bundeswehr den
aufschwellenden Metallkatarakt, und ließ sich nach oben tragen, zwischen ziehenden Ufern aus Gold und Feuer. Goethe sah dem Schlanken-
schönen – Parallelbildung zu ‹Gute=Schöne› – wohlgefällig nach : »Die
größten Vorteile im Leben hat doch noch ein gebildeter Soldat !«; und
ich nickte ihm bittersüß zu : Dir hätten meine 6 Jahre Krieg plus
Gefangenschaft ooch nischt geschadet, mon vieux; da würd'ste nich so
dämlich quatschen !)
»*Das jedenfalls sind unsere beiden Hauptprodukte in der Bundesrepublik : Roll-*

treppen, und=ä … : ? : nein das da drüben ist ‹Hering in Gelee›« (und wandeln zwischen Obelisken aus Klosettpapier und kondensierter Milch, ‹glücklich Land, allwo Cedraten / zur Vollkommenheit geraten› : die ja ! !).

Zweiter Stock : jetzt essen wir schnell was ! Ich steckte sofort 20 Mark aus der offiziellen Tasche in die private, und lud ihn auf eine Riesenbockwurst ein – er zog Fischfilet mit Bratkartoffeln in Remouladensauce vor. / Unterhaltung, an der Stehbar : »Nee !« Das Goethehaus in Frankfurt besichtigen ? : auch da schüttelte er abfällig das Gekopf (unangenehm ‹rote Wangen›, nebenbei bemerkt) : »So hat das nie ausgesehen !« (Da ich Goethe=Spezialist weder war noch jemals werden wollte, merkte ich mir keine seiner Ausstellungen; das kann dann mein Nachfolger in 100 Jahren machen – wenn's einen Nachfolger gibt; wenn's 100 Jahre gibt). / (Fatale Aussprache auch, Hessengemauschel; nun, ich hatte früher mal 1 Jahr in Darmstadt gewohnt, und verstand ihn schon).

»Darf ich mal ? : der Herr hier intressiert sich für's Militär.« Vorm Spielzeugstand; auf der Handfläche den steindruckgrünen Panzer mit weißem Stern : »Stundengeschwindigkeit zehn=fünfzehn Meilen. Kaliber der Kanone 7,5 Zentimeter : also 3 Zoll : wir kaufen grad für 4 Milliarden alte.«

»Die Amerikaner halten Europa besetzt ? !« (zu seiner Zeit war das noch umgekehrt gewesen). / »Gibt es etwa auch schon Marskarten, Eins zu Hunderttausend, zu kaufen ?« (erheitert; ministeriell; dröhnend=amüsiert). Ich antwortete einfach mit »Nein«. Besann mich aber dann doch, daß wir wohl Alle schwache Momente hätten, und sagte noch einmal sanfter, : »Nein.« (Er hatte gar keine Antwort erwartet). / Bei einem durch die aquarienhaften Schaukästen wandelnden Kahlkopf fiel uns Beiden gleichzeitig ein : »Kahlahaari« (als Wortwitz und Nasenstüber für Ernsthafte).

Am Ausgang : ihm die Tür offen halten – er schritt steif hindurch, die Hände auf dem Rücken. Zwischen der Tierhandlung ‹Zoo›; vorn schloß ein Torbogen die kirchliche Aussicht. Wandte sich zu mir – (und Satan suggerierte mir sogleich wieder das Porträt; Karl Josef Stieler hieß die Flasche : ich spie eine Dujardinaule aus) – : »Wer sind *Sie* eigentlich ?«

Wer war ich eigentlich ? : die *Faust* fiel mir am Hosenbein herunter. Dann kreuzen; die Arme kreuzen (wenn ich nur mit den unzulänglich vorhandenen Satzzeichen besser umzugehen wüßte) : da wurde ich 15 Zentimeter größer als er. (Und der Vorteil war eindeutig auf meiner Seite ! : *ich* kannte Alles : ‹Füllest wieder Busch & Tal›; ‹Im Dickichtschauer›; ‹wölben Inseln; ‹flüstern Inseln›; ‹Ich warf mich auf die Erde› : ‹Was sehen wir von weitem / das Wellenreich durchgleiten ?›). / Er wußte nichts von mir : da bistu im Nachteil; zumindest psychologisch : Ssai-kóllodschie ! / Schlanke Gestalten strömten um uns; Mädchen in so bunten Stoffen; und Burschen durften den Arm um sie legen; 'None but the poet deserves the fair !'. / Auf dem Straßenstern das Standbild; so geschickt gestaltet, daß man nicht auf Anhieb sagen konnte, ob es Bismarck darstellte oder die Jungfrau Maria : sehr zeitgemäß ! Ein anschlägiger Kopf, der junge Bildhauer; ich kannte ihn persönlich; würde es noch mal weit bringen : »Nein; ne ‹Germania›«.

»*Zumindest kein Feigling : ein Feigling* würde Sie nicht geführt haben !« (Das andere kann er sich nachher ansehen; vom ‹Leviathan› bis zum noch unfertigen ‹Schröter› – : ? : »Jaganzrecht; der alte Astronom«.) / »Natürlich fährt auch *heute* ein Poetenschifflein am sichersten mit dem Passat der öffentlichen Meinung.«

Auf's Klo ? – naja, er war wesentlich älter. Irdischer Speise außerdem entwöhnt. Ich ging aus Neugierde in die öffentliche Zelle neben an – ich muß ja schließlich n Bericht einreichen ! – und lugte vorsichtig gespitzten Mundes drüber ... :

Da saß er nun; Fußboden aus kleinen Steinen, Hellgrau und Schwarz gemischt : er ‹beobachtete› ihn durch das Rohr der Klosettpapierrolle (ah : Schröter von vorhin war schuld; kam sich wahrscheinlich als eine Art Astronom vor; hat ja auch mal ne komplette Lunation verfolgt; lautloskleine Mundbewegungen beschrieben die stillen unglücklichen Steinmuster nach Anzahl und Lage); während's hinten aus der Rücken=Gesäßwand blökte und röchelte – schien ihm einerseits unangenehm; während es andererseits seine Beziehungen zum ‹Erdenleben› sichtlich auffrischte. Bezeichnend für uns Gemisch aus Scheiße und Mondschein. / Hoffentlich hatte meine Frau was Anständiges gekocht. Was Billiges : die sehen von ihren 66 Mark *nichts* wieder ! So wahr ich Lehmann heiße ! / (Freund : ‹Sassafras›.)

Draußen warten; rasch Stichworte notieren : Kurzgeschichte. (‹Dichterverehrung›, heroeworship : schwärmerischer junger Mann; geht sofort nach dem angebeteten Dichter auf dessen Klosett; erhebt sich mit clap. Irgend einer Zeitung ‹für christliche Kultur› einreichen).

»*Straßenbahnen.*« / *Einen Vornehmen* bat ich, seine ‹Isabella› kurz zu öffnen; und erklärte alles, so gut ich vermochte (obwohl ich kein Autofahrer bin : ‹die Zündkerzen warfen ihr fahles Licht über die Fahrbahn›).

»*Ein Eis ? : Bitte !*« (Die Verkäuferin war ja auch zu niedlich; ganz Schürzenstoff, und ermüdeter fünfzehnjähriger Fleiß !). / An Neubauten entlang : »Jawohl ! : Die Gerüstebauer tragen grundsätzlich kleine teure Foto-

apparate bei sich; und besitzen die intimsten und apartesten Samm-
lungen«: pikantpikant !

»*Ach, ehe ich's vergesse* : ...« (Anrede vermied ich; er war seinerzeit so übel
stolz auf ‹Minister› gewesen) : »?« / Nnnein, er nicht. Aber die Stolbergs
hätten Johann Gottfried Schnabel gekannt. Das heißt : deren Eltern vor
allem ! (Und ich horchte mißtrauischer zu; immer mehr allgemein=
mittel=europäische Wendungen; in undulatorischer Prosa – anstatt
simpel »Nein.« zu bekennen : laß’ gut sein !). –

Antiquariat Bläschke : der ‹Stevenson›, 31 Bände für 64 Mark, war verkauft,
Elendelend ! Jetzt mit dem ‹Ausgeworfenen› in der Tasche, *und* anschlie-
ßend noch 8 Tage stramm hungern, wär’s fast schon möglich gewesen !
Konnte ich also nur die gewohnte neidische Schnute ziehen (mir wird
nochmal das Gesicht so stehen bleiben. Wie bei Kr.) : *einmal* ne alte
Allgemeine Deutsche Biographie besitzen ! ! (Während er angeregt seine
‹Gesammelten Werke› in 40 Bänden betrachtete. Dann noch die ‹Aus-
wahl›, rechts oben, für 8 Mark 50). (Aber die hatten doch *bestimmt* von
der Akademie aus n Wink an die Buchhändler gegeben ! So viel Klafter
Goethe stehen doch sonst nicht in den Schaufenstern rum !))

Pyrker ? ? : wir grinsten Beide, daß uns das Maul hätte aus den Fugen gehen
mögen; ‹Tunisias› und ‹Perlen der Vorzeit›; »müßte man Dr. Adenauer
zum 80. Geburtstag schenken !« (Kurz erläutern, wer das war. »Ich
komme noch mehrfach auf ihn zurück.« – »Natürlich uff Pyrker : wen
sonst ? !«).

Heinrichstraße : ich machte ihn hie und da auf eine Plastik aufmerksam. »Hier :
‹Mutter mit Kind› : das ist die schönste in der ganzen Stadt !« / ? / ! / Er
schnaubte lange, ehe er’s zugab.

Die lange Straßen, autoüberströmt; Mädchen stiefelten drüben, ein Postbote
radelte seines blaugelben Weges (Kennzeichen des modernen Götter-
boten : so’n Rad, und umgehängte Geldtasche) gefüllt mit Telegram-
men und schlimmen Nachnahmen. Die Straßen waren sauberer als ‹zu
seiner Zeit›. / Näher kommen : die Preßlufthämmer rasten (langes ‹a›),
daß uns die Gebisse wackelten ! Dazu ein tauber Nachbar, der die Geige
ohne Lehrer gelernt hat. »Und hier wohnen Sie ausgerechnet ? ! !«Ja,
leider; ‹Dichter und ihre Gesellen›. (Während des Treppenhochsteigens
dies ‹leider› noch weiter erläutern : Lüneburger Heide; Freund baro-
metrischer Tiefs; von Wacholdern. *Er* war mehr für’s mittelgebirgig
Bucklige, so diese zweideutigen Sorten Landschaften).

»*Mau ! !*« *(und das Männchen* hing hinter der Eisglaswand) : »Purzel.« Er besah
den Besucher mißtrauisch, und fächelte einmal kurz mit der Schwanz-
spitze : etwas stimmte hier nicht ! Ging auch voran in unsere eine Stube,

Wohn=, Schlaf=, Eß=Raum, sowie Folterkammer (man kann's auch ‹Arbeitszimmer› nennen; oder ganz vornehm, ‹Studio›). / Finsterer Korridor : hinter der Kurve der zarte Lärm des kleinen Staubsaugers, den ich meiner Frau zum Geburtstag geschenkt hatte; bestochen von der Reklame ‹más tiempo para el amor›, die sich aber als freche Irreführung erwiesen hatte :

»Lilli ? ! Kaffee !«. Die Vorstellung. (Und sie machte ab und zu ganz unverfroren Aufnahmen von uns – der hatte ja doch keine Ahnung, durch was sie da beiläufig kuckte und knipste und klickte – »Ä=der Arzt hat's ihr verschrieben; für die Augen« erklärte ich stirnrunzelnd). (Nachher auf den Filmen war er aber nicht sichtbar; *sehr* merkwürdig. Wie ich mich da mit dem Nichts unterhielt; demonstrierend einem leeren Sessel die Zahnmeißel zeigte. / – : ? : Janatürlich hab ich dann Filme und Entwickeln auf die Abrechnung gesetzt ! – / Bloß einmal was Undeutliches, wie Cartesische Wirbel, glasig, stacks of biffins, Quallen-kolonie, Chor der Rauchenden, was weiß ich).

»Ach, das's ja intressant !« : die kleine *Torpedo M 20*. Meine Frau schrieb, obwohl ich ihr die tief ausgeschnittene Bluse ausdrücklich verboten hatte, das Nachtprogramm über Karl May ab; und er beugte sich tiefer : schöne Type !

»Bidde.« (Eben war die Seite zu Ende; sie spannte gefällig ein leeres Zettelchen ein) : er erigierte majestätisch den Zeigefinger, und tippte, car tel est notre plaisir : ? : ? : ‹G !›. »‹o› ist hier, rechts oben« half ich (aber er machte nur noch : »Ah.«).

»Karl May ? : Emm, a, üpsilon. – Nu, große Symbolromane; autobiografisch ‹Im Reiche des Silbernen Löwen›, Bd. 3 und 4; Pilgrim's Progress in ‹Ardistan und Dschinnistan› – alles andre Mist: Viel Mist ! Nachtpro-gramm.«

(Erklären, was das ist. Und *Beispiele* zeigen und zitieren : Cooper, Fouqué, Schnabel, Brockes, Pape, Wieland, Dya Na Sore.(Künftige : V., M., S., T., M., Z., L., K., H. : getarnt; es gibt zu viele Schnellfingrige; vorsichtshalber)).

»Goethe nich; nee.« (und zur Erklärung noch den höflichen Zusatz) : »Ich fühle mich nicht reif dazu. – Ähnlich wie für $d_2 - d_4$ im Schach.« (Galant. Er aber überlegte sichtlich, ob das ein Kompliment sei).

Meine Bibliothek mager ? : »Das ist heutzutage ne reine Geldfrage ! Ich hab schon einmal Alles in Schlesien verloren; jede Anzüglichkeit wäre fehl am Platze.« (Ganz harter OKW-Stil, was ? : ‹Widerspruch wäre Beleidigung. Belehrung Pein. Worte sind unnütz. Schweigen allein geziemt sich : Peng !›).

Weil er scheinbar seine Werke suchte und nicht fand (ich hatte meine mittelgute Ausgabe zum größten Teil versteckt). Nachdem er den gleichmäßigen Einband raus hatte, nickte er zu dem ‹Sammler und die Seinigen›; ‹Ausgewanderte›; ‹Rameaus Neffe› : glänzend übersetzt ! (‹Benvenuto Cellini› dagegen stinklangweilig.) Ich erläuterte ihm erst noch die einzelnen anderen Leute :

Scott komplett : »*Sehr gut !*« »Seine Freude war aufrichtig, und ich gab's ihm gern zu : konnte was, der Mann. Auch. / Cooper : die ‹Pioneers› hatte er damals gerade noch gelesen. / Schopenhauer ? : »Doch nicht der junge Mann, der damals meine Farbenlehre=ä ... ?« »Dochdoch; eben der.« bedeutete ich ihm; und er schob eine betroffene Schnute vor. / Öfters kunstvolle Lügen ausdenken. / Mein Konversationslexikon war von 1910 : *ist* eine Schande; zugegeben; aber welcher Schriftsteller kann sich ein Neues kaufen ? Wer verdient so viel ? »Außerdem möcht' ich keines der neuesten geschenkt ! : Was uns fehlt, ist ein Ding wie der ‹Bayle› : – aber dergleichen ist in Deutschland nicht möglich. Weder im Heiligen Römischen Westen, noch im rotgardistischen Osten.« (Obwohl da noch eher. Kentum-Bundesrepublik : Satem-DDR).

»*Wer so viel verdient ? : jeder wirklich gute Schriftsteller !* – Wer nicht mit mindestens 1 Million Lesern rechnet, sollte gar nicht erst beginnen, zu schreiben.« behauptete er, ganz siegende Bosheit und Eckermann. / Und ich sah ihn eine Weile an; zog mir auch mit der Rechten das Kinn lang : soll ich ihn rausschmeißen ? – Aber dann verlangen die unweigerlich ihre 66 Mark zurück ! Also laß'n laufen. / Aber doch kurz kontern : »Mit der Ihnen eigenen Unschärfe haben Sie die zweite Bedingung hinzuzufügen unterlassen : bei einem ‹wirklich guten› Schriftsteller muß sich diese ‹1 Million Leser› gleichmäßig auf die nächsten 500 Jahre nach dem Erscheinen seines Buches verteilen. Und nicht minder diese dritte : Ihre ‹1 Million› muß sich sukzessive aus den Besten der Nation zusammensetzen; nicht aus Kindern, uniformierten Jungen, greisen Stücken Vieh, oder sonstigen Arschlöchern. « (Kapiert ? ! – Mein ‹Ton› gefiel ihm gar nicht; das merkte man deutlich : Je nun, mir seiner ooch nich ! Aber ich frage : Wer von uns Beiden hatte Recht ?).

Die besten deutschsprachigen Autoren seit Deinem ersten Tode ? : die Frage hatte ich gefürchtet ! (Mich natürlich auch kurz, *sehr* kurz, darauf vorbereitet. Dennoch mußte ich ächzen, wie immer, wenn ich mir das Thema nur vorstellte ! – Er lehnte audienzen zurück, und genoß Alles, ‹Prokurist und stellvertretender Direktor im Ruhestand›, wie sich neulich Einer vorgestellt hatte!

(Erst noch eine Unterbrechung : gut ! : vorm geöffneten Fenster gliederpuppte ein
begeisterter Blondkopf (oder war's 'ne Blondköpfin ?) und sang Jazz :
‹Allenegertantsen – : Pánama : áaa : Ou !›. Du sonniges Gesichtel; was
würden in Dich für Ohrfeigen passen ! Stand ich also auf, und schloß die
Scheiben. Zu seiner fragend geöffneten Hand : »Ich hab's auch nicht
verstanden.« : »Ja, es war aber doch Deutsch, was sie sang !« (er,
entrüstet; wollte's durchaus wissen. Und instinktiv ‹sie› ? – na, nennen
wir's diesmal ‹vital›.)).

Avanti ! : »Heine«. – Er runzelte ganz leicht die Zeusstirn : *den* unverfrorenen
Namen hatte er doch auch noch . . . : »Also hat der wirklich was ge-
konnt ?«. Hatte er. / Und auch Schopenhauer, jawoll. / Stifter, Raabe. /
(Der Teufel stach mich, und ich gab Gustav Freytag zu). / Gottfried
Keller : »'n Schweizer. Aber trotzdem.« / Storm : auch bleib' der
Priester meinem Grabe fern ! / Nietzsche, Hauptmann, Stramm. Däub-
ler. Brecht, Albert Ehrenstein. Döblin, Jahnn, Kreuder. / Otto Baben-
diek gleich David Copperfield. / Werfel. Musil, Edschmid. / Pause. /
Achselzucken : »Vom Material her vielleicht noch Fallada, düster und
ehrlich.« / Pause. Pause. / : »Schmidt.«

»Schmidt ? ? – – : ach so« sagte er gnädig, als ich stumm auf mich wies, und
schmunzelte verständnisvoll : »Gut. – – : sogar sehr gut !« (Mußte auch
mürrisch die Handvoll herbei holen). / Der Schutzumschlag des ‹Faun› :
da reiste die Zungenspitze ums Lippenloch ! Schlug dann aber doch auch
gefällig was auf (und geriet an eine schnelle Stelle : *auch* ein Vorteil
meiner Technik : selbst bei verkehrtrum gehaltenem Buch erkennt man
sofort das Tempo der Seite !); hier etwa 150; er nickte, anerkennend
verkantet; begann aber zu schaudern und legte's verdrießlich beiseite
(demnach die Explosion, ensanglanter la scène; das konnte er ja gar nicht
vertragen. Dennoch war hier immer wieder eine perverse Stelle bei ihm :
einmal bat er einen Bekannten, Baron Rutern, ihm von der Amputation
seines rechten Armes, sowie des Abhackens der rechten großen Zehe zu
erzählen; Rutern, der ihn sehr wohl kannte, tat das möglichst schonend
mild und leise; »aber es war doch sehr nachdenklich anzusehen, wie sich
das schöne Gesicht des lieben bequemen Mannes dabei verzog« !) /
Dann noch die ‹Seelandschaft›, Foto IX – *noch*mal (ehrtmich, ehrtmich !)
und drückte mit Daumen und Zeigefinger den Takt. Auch den ‹Text›
dazu. Brauen heben ? (zu lange). Ah : Brauenbrauen sinken lassen. Ich, zur
Erläuterung : »Meine ‹Venezianischen Epigramme›.« (Seine Unterlippe
verwahrte sich gegen den Vergleich; seine Stirn nickte ihm Billigung).

Abschließend noch die gnädige Frage : »An was arbeiten Sie im Augenblick ?«
(Im ‹Augenblick› ? : der hatte doch eben bedauerlicherweise sein

Erscheinen eingestellt : wußte er das noch nicht ? ! – Aber dann besann
ich mich) : ich zeigte mit dem Kinn auf das Großfoto an der Wand :
‹Telescopium Neutonianum XXVII pedum, constructum Lilienthalii
1793› (Wohltuend verständnisvoll der Technikerblick, mit dem er es
besah; während ich ‹Münsterländer› trank; und mich mit dem Gedanken
an ‹maschine 2› etwas tröstete : sie lebe !).

»*Leben meine Werke noch im Volke ?*« : Eigentlich hätte ich ja lachen müssen;
lachen und gegenfragen : Haben *jemals* die Werke eines bedeutenden
Dichters in ‹seinem Volke› gelebt ? ! – Nu, man kann's ihm ja auch *so* zu
verstehen geben :

»*Aber certainement !*« bestätigte ich willig : »in gebildeten Kreisen hört man
durchaus noch manchmal ein ‹Das paßt wie Faust auf's Gretchen›; und
im Volke hat sich das andere Zitat, das ‹Leckt mich›, herrlich eingebürgert !« / (Wie schade, daß ich kein verstecktes Tonbandgerät besaß ! –
Aber nachher hätte man wohl auch wieder nur meine Stimme gehört;
wie ne Schachpartie, wo die weißen Züge fehlen). / (Was n Einfall : n
Dichter ‹im Volke leben›. Wir wollen doch weißgott froh sein, wenn uns
die *Intellektuellen* noch kennen !)

»*Wen halten Sie denn für den größten deutschen Schriftsteller überhaupt ?*« – Ich
zögerte doch ein bißchen; Wieland; Jean Paul (soll ich ihn damit ärgern ?
– Ein Motorradfahrer schenkelte über Kleinexplosionen vorbei, mit
weißlackiertem Sturzhelm : auf dem Rücken einen Rettungsring
geschnallt ! ! Das brachte mich wieder zum Bewußtsein, mich, Langmichel Grinsemaul) : »Ich will's Ihnen aufschreiben.« versprach ich.
(Und einen von den berühmten kleinen Zetteln rausziehen. Und krit-
zeln . . . . . : !).

(Er konnte meine spitzdeutsche Schrift erst gar nicht lesen; transkribierte
ich's ihm also noch zusätzlich ins Rundliche : !).

Er faltete pikiert den Greisenmund. Trommelte wohl auch mit dem langen
kleinen Finger. Wiegte zu einer Einleitung sehr energisch den Kopf.
(Verkniff sich die Antwort aber dann doch, und steckte den Zettel in die
Brusttasche. – Ich hatte lediglich geschrieben : ‹Der junge Goethe, ehe er
Frankfurt endgültig verließ›.) (Später Eisbergen ebenso abgeneigt wie
Vulkanen. Teppichwälzer, nobilitierter.)

»*Wieso ? ! : Bitte ! : Hier ! ! ! : ‹An Schwager Kronos› !*« – las ich's ihm also vor,
mit rasselnder Wagnerstimme, cerberusbespannter Schüdderump (und
konnte mich wässrige Pflaume zum Schluß doch nicht halten : klaubte
an seinen Fingern, und drückte ihm eine wütend-schamhafte Kuß-
grimasse auf den Handrücken. Er grinste; auch ich bereute den Schmatz
sofort wieder; er schlug ergötzt die Altmeisterfüße übereinander; und

ich hielt ihm sogleich sein Porträt unters Gesicht : das mit dem Brief König Ludwig's von Bayerland in der Hand : und man mußte den Royal Name lesen können, hatte er Stielern eingeschärft ! *Das* war auch so ein Affenstreich ! Er wedelte mit dem Kopf, seufzte mißmutig. Und gab's zu. »Und anschließend die Szene mit Eckermann, dem armen doowen Luder; dem Sie Ihre Antwort zu lesen gaben, ‹damit er lernen könne, wie so was gemacht würde›, heh ? !« – Na; Schwamm drüber; wir sind Alle Heinis.).

Wie spät ? : Ja, ne Uhr ? ? – – Mein lieber Freund – – ich bekratzte unschlüssig mein Scrotum (um ein weniger gebräuchliches Wort zu verwenden) – – (und bat dann leise in der Küche, meine Frau, doch mal bei der Nachbarin . . . . . ? / Sie war recht unwillig; wollte ‹auch was von Goethe haben›. / »Du brauchst ja nicht lange zu bleiben.« / : »Geh *Du* doch; ich unterhalt' ihn so lange !« (Glaub's gern)). / Aber dann fiel mir der Ausweg ein. Ich ging wieder zu ihm, und sagte kühl : »Viertel vor Vier«. (War ja auch vollkommen wurscht). / (Dann klingelte es : ein Händler mit Schnürsenkeln; aus Raffinesse in Postbotenblau gekleidet, mit entsprechendem Mützchen – damit die Leute ihn für den Telegrafenboten halten, und erstmals aufmachen. Sofort rausgeschmissen !).

Paläontologie ? : *ja;* das war ihm sehr wichtig ! Also Triasjurakreide. Den Namen ‹Darwin› notierte er sich sofort auf die Rückseite meines Zettelchens von vorhin. Und ich nickte beifällig : »Dee, a, err . . . . .«

»Tjaja, die Schäker; große & kleine !«. wir verständigten uns mühelos; durch Worte, durch Zeichen. (Er hatte ‹oben› die Bekanntschaft der zweiten weiblichen Erscheinungen gemacht, Anna Lee : »Aber die Joan Southcott ist noch viel intressanter : scharfe Sechzigerin !« / »Und Eva von Buttlar ?« : Er nickte nur mehrfachlangsam; den Blick versonnen, durch mich hindurch, auf eine unsichtbare Pforte – : »Tjajadieschäker –«; und vieles Kopfschütteln, große & kleine. (War und blieb aber von der alten Schule, die es als Bändigungsmittel fürs Volk, zur Aufrechterhaltung von Ruhe & Ordnung, für unentbehrlich hält). / »Und Ihrer Ansicht nach also immer ?!« : »Immer !« / Da erzählte ich ihm aber doch Einiges von der DDR : »Schade, daß wir nich für'n paar Stunden rüberfliegen können, meine Nichte geht eben zur Jugendweihe : das ist ja nun doch schon was anderes, als unsere Schäkereien !« / Er ließ ungläubig sämtliche Gesichtszüge hängen, und wiegte abwehrend den Kopf : »Ich mag mit Bürgern und Bauern nichts zu tun haben, wenn ich ihnen nicht geradezu befehlen kann.« (Aha : Wahlverwandtschaften !).

Geschichte ? Schicksal ? : Die Politik ist das Schicksal ! (Dabei war mir nichts weniger als nach Ausrufungszeichen zumut : es ist ja traurig, was in der

Hinsicht mit uns eben jetzt wieder gemacht wird ! Die Kipper und
Wipper unserer demokratischen Freiheiten ! / Oder wie in Süd-Korea,
wo aussichtsreiche Gegenkandidaten 10 Tage vor der Wahl zu sterben
pflegen !).

Abriß der Geschichte; von 1832 bis zur Wiedereinführung der Allgemeinen
Wehrpflicht 1956 : wie die Welt da allmählich ins Lot kam; nämlich :
»Das künstlich-unnatürliche Übergewicht des kleinen Europa – eigentlich nur das zerklüftete Nordwestkap Asiens ! – ist schon zu zwei
Dritteln beseitigt; nach dem nächsten Krieg wird es dann endgültig für
die Welt *das* sein, was für Europa ‹Hellas› ist : archäologisch-gerührt
embrassierte Geisteswiege. Wir schlagen dann zwischen Säulenstümp-
fen unsere Kapriolen : ‹das ist meine Hütte / : eines Tempels Trümmer !›.
Gegen Bakschisch bebrillter Tartarenprofessoren. Oder langer Männer
aus Oklahoma.« / Er hielt auch nichts von Deutschland, ‹rüttelt nur an
Euren Ketten›; und wir kamen, excellent Excellenz, einander immer
näher. Verfolgte mit brennendem Interesse Rußlands Aufstieg zur,
Englands Abstieg von der, Weltmacht. Und Amerikas. N Atlas her :
klarer Kopf das !

Anstatt Australien systematisch mit 300 Millionen Weißen zu bevölkern ! ! Wir
klopften bezeichnend an unsere Stirnen; und ich entkorkte die vierte
Flasche (ob die nachher so viel passieren lassen ? Das heißt : *ich* war als
trinkfest bekannt; und von ihm hatte sein Herzog ja auch resigniert
geschrieben, »Goethe konnte fürchterlich saufen !« Also Vogue la galère :
Prost !). (‹Unheilbares Deutschland› : sehr richtig !).

Also : Rußland, USA, China, Indien : Prost !

Ich sah den Grand Old Man aus gekochten Bordeauxaugen an; salutierte
manchmal; und wir gaben gemeinsam folgendes Kommuniqué heraus :
Napoleon : ist Europas letzte Chance gewesen ! ‹Massenbach.›
Gescheitert an Deutschsprachigem : die Preußen-Deutschen sind
große . . . . . (ein deutlöcher Plural folgte; dreisilbig; wir nickten un-
beirrt; ich fügte aus eigenen Mitteln noch ‹Gefährliche Trottel› hinzu;
und er hob ministeriell-bestätigend den knappen rechten Faustkeil :
»Auch das. Ja.«). / Ende des Kommuniqués.

Ich beugte mich etwas vor : Familienvater (Lilli & Purzel !); ich flüsterfragte :
»Wissen Sie vielleicht – im baldigen dritten Weltkrieg – – : n sicheres
Eckchen ? ?«

Er blies seine (nicht unbedeutende) Nase durch. Fraß zögernd in seiner
Mundschleimhaut. Er redete raus : »So zwischen Rhein & Weichsel
nich. Hier in der ‹Bundesrepublik› . . . . . ?« (mitleidig=verächtlich; sein
abfallender Mund sagte über diese Meridianstreifen genug aus).

»*Naja – also* – das dürfte ich eigentlich *nicht* mitteilen – –« (ich hatte lediglich nach dem Ausbruchsdatum des nächsten Weltkrieges gefragt) »– aber ich habe neulich gerade zufällig – – oben – –« (er zeigte mit einer ungeheuer intressant korkenziehenden Schulter in die vierte Dimension) »– mit *dem* gesprochen – – : also was *Sie* ungefähr ‹Friedrich den Großen› nennen würden. Und der interessiert sich noch immer ungemein für die Händel hier unten – –« (er wiegte unschlüssig den Kopf – »gewiß, n solider junger Mann« hörte ich ihn erwägen; und : »praktisch meine einzige Verbindung nach unten . . .« – (Ich : Mitte Vierzich ! Also wenn ich *etwas* nicht leiden kann, dann ist es das vom ‹jungen Mann› : man ist doch wahrscheinlich abgewetzt genug !)).

»*Also* . . . . .« *er gab sich den Ruck;* er neigte sich vor; er flüsterte das Datum : ! / : ? ? / : ! ! !

»*Oh leck !*« sagte ich erschöpft : »So bald schon ? ! – Und gleich die erste Atombombe, die sie in Bononien selbst herstellen werden ?« (Noch ein herzinniger Fluch : auf den Kerl, auf den Kerl ! : so ein Schwein ! !)

Und : »*Nee; dahin kann ich nich !*«; ich schüttelte resigniert den Kopf : »Denken Sie doch : allein die Spesen; für Zwei; plus eine Katze !« Ich titschte mit der flachen Hand alle erreichbaren dafür geeigneten Stellen. »Neinnein; selbst wenn der Konsul die Einreiseerlaubnis gäbe – – – : Oh Scheiße ! – – – Ä-Pardon.« setzte ich erschöpft hinzu. Aber er bewegte nur abwehrend den Kopf : »Sie haben schon vollkommen recht.« Würdig : »Und ich hab's Ihnen nur noch erschwert.« *Lang=kurze Pause.* –

»*Also ster'm wa halt : Prost !*« Ich zog den Kork aus der nächsten Flasche : ‹Und Dein nicht zu achten : wie Schmidt !› (Dabei wär' ich neulich um 1 Haar Küster geworden : wegen der prachtvollen Dienstwohnung ! – Und trinken; glasig blitzenden Doppelaugenpaars.)

»*Wenn Sie heute schrieben* : hier an dieser Stelle : den ‹Werther›; die Epigramme und Elegien; Prometheus auf Italienischer Reise : Sie stünden längst vor Gericht ! Als Defaitist; als Erotiker; wegen Gotteslästerung; Beleidigung politischer Persönlichkeiten !« / ‹Untergehend sogar ist's immer dieselbige Sonne› ? : die hier grinste uns affenrot, aus einem Vatermörder von steifem Wolkentaft, in die Gesichter. Ich sagte das auch unverhohlen; und er genehmigte nach kurzem Überlegen die Metapher.

Ihn künstlerisch attackieren : von den Prosaformen her : »Die übel zusammengeleimten Anekdoten des ‹Meister› : wenn der Stoff ausgeht, stellt sich zwanglos eine vor 20 Jahren geschriebene Novelle ein. / Und erst die Kapitelübergänge ! – Bitte :
‹Lehrjahre, V, 9 : . . . so handelten sie noch manches ab. Wir (sic ! :

‹Wɪʀ›) lassen uns hierauf nicht weiter ein, sondern legen vielleicht künftig die neue Bearbeitung Hamlets selbst demjenigen Theile unserer Leser vor, der sich etwa dafür interessieren könnte› : und das auf einmal mitten in eine Erzählung hinein ! ! ‹Lehrjahre, V, 14 : ... und führte ein wunderbares Gespräch mit ihm, das wir aber, um unsere Leser nicht mit unzusammenhängenden Ideen und bänglichen Empfindungen zu quälen, lieber verschweigen, als ausführlich mittheilen.› : die typische Flüchtigkeit-Faulheit eines Diktierenden; der's satt hat, und Feierabend machen will !

Jetzt reist der Held ab; aber 1 Seite im Manuskriptbuch ist gerade noch frei ? – : holen wir schnell n altes Gedicht aus der Schublade (und etwas noch geheimrätlich Steiferes gibt es bald nicht !); und knoten es also an den groben Hauptfaden an : ‹Lehrjahre, V, 16 : ... und so lassen wir unsern Freund unter 1000 Gedanken und Empfindungen seine Reise antreten, und zeichnen hier noch zum Schlusse ein Gedicht auf, das Mignon mit großem Ausdruck einigemal recitiert hatte, und das wir früher mitzutheilen durch den Drang so mancher sonderbaren Ereignisse verhindert wurden : ..› : also noch tiefer kann ein Prosaschreiber kaum sinken; Wenn das heute jemand riskierte : steinigen würde man das Faultier : und mit Recht !«

»Wilhelm bis zum letzten Augenblick ein dummer Junge im Handeln, nur geistreich im Reden. Lothario liederlich, langweilig, hohl : worin besteht denn seine immer gerühmte Trefflichkeit; Jarno höchst widerwärtig; Abbé lächerlich pedantisch; Gräfin Wachspuppenkopf; Natalie fischblütig; Therese ganz unerträglich; Friedrich verdorbener Bube, dem tüchtig Prügel gehören; Harfenspieler und Mignon bänglich und unnatürlich, doch tieftragisch und wunderbar romantisch. Turm im Schloß abgeschmackt; Charakter kein einziger. Verwicklungen ebenso unnatürlich als langweilig. Das Ganze total mißlungen, wenngleich im Einzelnen auf jedem Blatt ex ungue leonem. Stil zauberhaft schön. « (Wer mir den Verfasser dieser Stelle nachweist – ich schätze ihn sonst nicht; aber in diesem Fall hat er recht – erhält, auf Wunsch, ein signiertes Exemplar meiner ‹Umsiedler›).

»*Ach, Geschwisterliebe, Geschwisterliebe* : das hat Frank Thieß in den ‹Verdammten› viel besser gemacht !« / »Ach was ! : Nach dem ‹Werther› hätten ‹wir› besser keine Prosa mehr geschrieben – und der ist formal auch noch verfumfeit !« / »Dichtung & Wahrheit natürlich ! Wenn ein Mann so viel gelebt und gesehen hat, wie Sie, ist er uns seine Autobiographie schuldig !« (Wie A. uns ein Modelleben ! : Zur jungen Weimarer Zeit scharf links : wie ich. Bei Hitler untergetaucht in die

Scheißgroßindustrie : wie ich. Soldat und Kriegsgefangener : wie ich !
Nach 45 deutscher Schriftsteller : wie ich ! Nach 57 ... hahaha !)
Er wich natürlich beherrscht aus (hätt' ich auch getan). / Lenkte ab in Wissen-
schaften auf ‹ie› : Biologie; Astronomie; Filosofie. Auf seine präzisen
Fragen erhielt er meine präzisen Antworten, da ging das alles schnell.
Der Abend ? : *heuchelte* ein paar reinliche Farben zusammen. Schwalbenpfeile
(nicht ‹Schwabenpfeil› : der steht im Fernfahrplan !) wurden kurz=krei-
schend über den Himmel geschossen. Die Lehrerin oben horchte wieder, was wir für Besuch hätten.
Fahrräder : die schönsten Maschinen ! : »Was sind die größten – also auch die
unschädlichsten Erfindungen seit meinem ersten Tode ?« : Schreibmaschine & Aspirin; Glühbirne & Blausiegel ! Und eben Fahrräder ! ! : Ich
erklärte ihm das dünnbeinige junge Mädchen überm Gestänge; er sah
die schwarzen knochigen Hosen; verstand aber die Übersetzung. / »Was
meinen Sie, was mein ‹Fotoalbum› ‹Tandemfahrten› funkeln wird ? !« /
(Erst allerdings ‹Lilienthal›; ‹Stützpunkt›; ‹Polizeischule› : 4 Köpfe
müßte man haben; und 8 Hände; na, vielleicht unsere Enkel; aus
atomisierten Chromosomen, quien sabe). –
Hinsetzen : Was wäre die einzige Rettung der Menschheit ? – Wir, keiner von uns
ein flacher Kopf, erfanden im Takt das Mittel : ‹Pantex›.
‹Pantex› : – : die Kombination Raum=Zeit=Licht ergibt ein sanft strahlendes
Energiegemisch; das – ähnlich wie die Gravitation – immer ‹da› ist : und
diese Strahlung wird eben ‹nutzbar› gemacht; zu ‹Pantex›, dem ‹Allseher› !
»*Alles sehen ?*« : »Je nun, es hätte ja wohl seine Grenzen : ungefähre Sichtweite
wie Kurzwellen und Television : sobald sich die Erdwölbung dazwi-
schenschiebt, ist es aus. Aber das wird leicht durch ein dichteres
Sendernetz ausgeglichen« / »Und hier : wenn ich *den* Knopf drücke –«
(Sein Finger tupfte Erdachtes hinein) »*höre* ich auch Alles ! – Ne :
schmecken und riechen nicht ! Ja nicht !« / (Und wir schauderten eine
Zeit lang. Vor dem bloßen Gedanken.).
»*Wenn man das Zimmer verdunkelte, wäre* also nichts zu machen ?«. / Mit
Pantex, dem Allseher; die Selenscheibe genau gerichtet; Germanium-
kristalle; elektrische Mitte; 3 Skalen : Richtungswinkel phi; Entfernung
e; automatisch damit gekuppelt die Vergrößerung n (bis auf Lebensgröße
– man kann natürlich auch noch zusätzlich mit der Lupe ran gehen :
lippenleckend : ‹Lupe› !).
»*Neinein : ehelicher Beischlaf* darf nur bei 13 Grad Dämmerung – oder darunter –
vorgenommen werden.« (An jeder Wand müßte also das geaichte Foto-
meter hängen : neue Industrien ! – – »Nein : auch Maskenvorbinden
schützte vor Strafe nicht !«).

Im Halbdunkel (unter 13 Grad Schmidt) wird natürlich grob gesündigt : aber das hat man ja zu Christenzeiten sogar munter im Hellen getan. (Die behaupteten : ‹Gott sieht Alles›; aber das war eine reine Hypothese. / Heute gälte dann : ‹Frau Lehmann sieht Alles› : das wäre eine Tatsache ! Und wirkte wesentlich anders : denn um Gott hat sich praktisch kaum noch jemand gekümmert : um Frau Lehmann Jedermann ! !).

Also : was die Religionen so lange nur versprochen haben, würde durch diese einfache Maschine gehalten : es lebe die Technik ! / »Sie lebe.« murmelte er; tief in Gedanken.

Rasche Einzelheiten : Jeder Haushalt muß ‹Pantex› führen ! (Vorher wird die Genehmigung zur Gründung eines Hausstandes gar nicht erteilt; Gebühr 4 Mark 50 im Monat). / Die Ehen sind glücklicher seitdem geworden : jeder kennt seinen Partner körperlich – etwa von der Badewanne her . . . : »Nein, *das* ist erlaubt – und kommt auch überall vor – : daß man sich nackt in die Sonne legen kann ! Abschreckend Häßliche tun das schon von selbst nicht. So wird Jeder=Jede dahin gebracht, daß Er=Sie sich gut in Form hält : im umheckten Garten oder auf'm Balkon. Alle gut trainiert. Die Männer immer glatt rasiert. – Auch sonst hat man Zeit gehabt, Sie ausreichend zu beobachten : ob sie gern zankt und trampelt; die Geschwister ohrfeigt; schmatzt, frißt, onaniert; ihr Gesicht im Schlaf.«

(Wenn der heimliche Schatz mal ruhig sitzt, kann man ihn nach Herzenslust fotografieren – allerdings auch dabei seinerseits schon wieder vom Dritten beobachtet werden ! So daß sich's nächsten Morgen die Kollegen im Büro schadenfroh erzählen können. / Ehebruch ? : kolossal erschwert ! / Beim Militär gäb's die alte Menschenschinderei nicht mehr. / Der Wähler würde überprüfen, in welchen Nachtklub sein Abgeordneter die Diäten hinschafft. / Zumindest die belichtete Hälfte der Zeit wäre praktisch der Sünde entzogen ! / »Was meinen Sie, was die Biologie dadurch gewinnen würde : Tierbeobachtungen !« (Aber das war im Augenblick noch nicht das Interessanteste.)

Neinein, wir würden ‹besser› ! : Zoten und anstößige Gebärden verschwunden. / Betrüger, Fälscher, Dieb, Mörder : sind keine lohnenden Berufe mehr. / Briefgeheimnis ? – »Wichtiges muß natürlich mit dem Nyktografen im Dunkeln geschrieben werden.« / »Wenn Sie dann n Dichter beobachten : der säße am Schreibtisch und arbeitete; schlüge nach; runzelte effektvoll die Stirn, skandierte, und debattierte mit seiner Schreibhand; Potz Dittografie & Homöoteleuton. Söffe nicht mehr wie'n Nickelmann – zumindest nich mehr, als er verträgt : denn das wirkte sich sofort ganz schön störend auf den Absatz seiner Bücher aus, wenn es hieße : ‹Der

macht ja nischt ! Stolpert bloß im Zimmer rum, und rülpst viehisch :
sehen Sie selbst›« / Zart : man kann auch aufeinander einstellen : scheue
Liebende unterhalten sich bebend (wenn die Eltern im Quinault sind
(= Kino)) : »Löse Dein Haar, Liebste !« – sie tut die rührende Gebärde;
und er : »Ohhhchch ! !«.

Bemerkenswert auch die rein äußerlichen Umschichtungen : in allen Gebäuden
wären die Wohnungen unten : weil unbeobachteter; die Sichtweite wäre
geringer ! Die Läden, im Gegenteil, möglichst hoch : man könnte nämlich am Bildschirm durch Kaufhäuser schlendern. / Kontrollieren, ob
der Schuster meine Latschen sorgfältig regeneriert (oder bloß so mißmutig drauf rum pfuscht). / Der durchschnittliche Wortschatz vergrö-
ßerte sich pro Jahr und Kopf um 0,3 Prozent : da man ja nie wüßte, wer
einen gerade beobachtet=belauscht : sämtliche Beamten wären fleißig
und höflich (s könnte ja eben fotografiert und auf Tonband aufgenommen werden : Cave !). / Die Fleischer und Konditoren peinlich sauber. /
Keiner säße mehr und popelte. / Oder forzte widerwärtig : Alle gingen
ins verdunkelte Klo. / Jeder bemühte sich um adrette Kleidung; graziöse
Bewegungen; möglichst klangvolle und suggestive Sprache.

Neugierig ? : alte Weiber & Rentner ! : die säßen natürlich Tag & Nacht an den
Dingern; meldeten jeden Dreck; denunzierten (ganze Behörden sind so
neuentstanden, die das Material auswerten und ablegen : in ‹Leitz=
Ordner›, hier, solche).

Denn die Regierungen : zuerst hätten sie deklamiert : entsetzlich ! Unerträg-
licher Eingriff in das Privatleben des Einzelnen ! (Und Viele schloßen
sich an : die vom dunklen Finanzgebaren; man wußte ja nie, ob nicht
eben jetzt diesen Augenblick, Jemand auf mich und den Geldbriefträger
einstellte ! – Finanzminister Schäffer war allerdings sogleich dafür
gewesen.) / »Ja, iss klar : die Überwachungsstellen liegen grundsätzlich
auf Hochtürmen !«

Also Regierungen & Parlamente haben zuerst getobt wie die Unsinnigen (die sie
sind) : nichts wäre mehr geheim; die Außenpolitik gefährdet; von den
immerberühmten, nievorhandenen ‹Neuen Waffen› noch ganz zu
schweigen. Das würde Jahre dauern, ehe die kunstvoll nachgäben !
(d.h. so lange : bis sie das kommende Theater genügend inszeniert
hätten; die Abgeordneten Filmschulen besucht; das würde ein Rein-
hardtscher Genuß werden, sonne Plenarsitzung : der Einzug stark,
adrett, trotzig, wie Gralsritter, entschlossen zu jeder Tugend; die Gesichter funkelnd vor Intelligenz & Verantwortung ...) / Tiefe Schwermut
ergriff uns; denn

die Geheimsitzungen ? : gingen natürlich im Finstern vor sich; da wäre extra eine Trillersprache erfunden; der Eine mit den Fingerspitzen im Handteller des Partners (und ich zeigte ihm gleich das Standardwerk 'International Trilling / according to Dr. Lou Clitoris / Or / how to trill successfully' : Wir werden immer dumm gemacht !).

Dumm gemacht : die Abendnachrichten. – Die Skala glomm geheimnisvoll (wie geschickt man da die Begriffe ‹Licht› und ‹Wahrheit› gekoppelt hatte. »Ganz wie in ‹La Lumière›« bestätigte er. Winkte aber ab, als der ‹Freiheitssender 904› kam : zarte Kinderstimmen sangen ‹Den Hetzern die Faust in's Gesicht›. Neenee ! Lieber die Wellenbereiche erklären) :

Die Wellen ? ! : er verzog erst den Mund und gänsehautete dann ungekünstelt den ganzen Körper : ständig so von Kristallgeflechten umwickelt und gekitzelt ? ? (‹Nochmal die Schultern vorschaudern : Brrr ! / Richtig : er hatte ja schon immer beim bloßen Anfassen des Buches vom ‹Armen Heinrich› das Gefühl gehabt, als kriegte er Aussatz ! (Aber Recht *hatte* er : in den Wohnlauben in der Nähe des ersten hamburger Senders, 1924, hatten unsere Glühbirnen *ohne Strom* in den Leitungen gebrannt ! : s'iss schon was verrücktes !) / Hier der Lautstärkeregler : wieder kam's munter und trochäisch : ‹Bleibe nicht am Boden haften, / frisch gewagt und frisch hinaus; / daß die Sonne schön wie nie / über Deutschland scheint / : Deutsch. Land. Scheint.›

Am Fenster die Dämmerung, aber noch mit ganz breiter roter Borte unten dran. / »Ja, das iss'n Kollege der drüben wohnt – berühmter Mann.« Und wir betrachteten das mildglimmende Viereck : rote Vorhänge, steife Hauswand; die stille Laubkunst des Ahorn davor : ‹Die, deren nächtliche Lampe den ganzen Erdball erleuchtet› (und ich lehnte mich graziös hin : falls wir etwa auch von drüben beobachtet würden).

Abendrot (ganz hausmachern. Wir hatten noch von früheren Reisen ausreichend Kellnerrechnungen gefunden – so genialisch auf Notizblöcke von Bierfirmen hingekritzelt; bei einer paßte sogar das Datum (allerdings nicht das Jahr) bis auf 2 Tage : gut !). Und er löffelte für Drei, nischt wie Sago und Tapioka; seine Kinnbacken gingen wie Kastagnetten (mißfällig beobachtete er Purzel, der oben auf dem Regal hinter Büchern wandelte.)

Zwischendurch, er : »Also so schrecklich ist es mit dem ‹Fortschritt› ja nicht ! – Sie haben den Luftballon weiter entwickelt – was zu erwarten stand. / Die Elektrizität. / Ob Venus in 1 oder 200 Tagen rotiert, wissen Sie *auch* noch nicht ...« / Auf einen Einwand von mir : »Lieber Freund : daß sich Lichtstrahlen um Graviationszentren krümmen, war schon zu meiner Zeit ne olle Kamelle !« (Ich notierte mir gleich den Namen : Mensch, was wird Einstein spucken !)

Noch dies : »*Freiere Sitten* ? ! : *Na,* Sie hätten mal in Weimar leben sollen !«
Spitzte die Zunge und leckte sich köstlich die Lippen : nach ‹Misels›. (Es
gibt viele Dinge, die man selbst mit der eisernsten Energie nicht werden
kann; z.B. Jungfrau).

»*Achwasdiekunst* ! : Reden wir mal nur von der Dichtung« er hielt mir
gemessen 2 sehr fragende Hände her, und ich trommelte verdrießlich
am Sesselbein. »Sie haben doch vorhin selbst zugegeben, daß ‹Schwager
Kronos› ...« : »Also, das ist ausgesprochen unfair !« sagte ich wütend,
»weil ich die Schwäche hatte ...«. Er grinste würdig=schuldig, und
gab's leichthin zu. / »Dafür nehmen Sie die ‹Berechnungen I› mit : vorn
ist gleich die ‹Seelandschaft› drin : damit Sie oben auch mal was Gutes=
Neues zu lesen haben !« Er steckte sich gleich das schwarzblaue Heft in
den Überrock, surtout, huldvoll=kritikbereit, ganz Schülerszene und
nous verrons. –

»*Madame* ? – : *A Dieu* !« Purzel wich hinter meine ungesammelten Werke
aus, feindselig ein Krallenfächerchen in der Luft. Und ich griff vorsichtshalber in den zu langen Handkuß ein : »‹Dieu› sagt man bei uns nicht;
ich hab mit dem Mann zu viele Schwierigkeiten gehabt.«

»*Was ist das?*« : im Korridor. Fasziniert. – : ? »Zählergesang.« – : »Nachts, am
besten um 2 und 3, wenn's sehr stille ist, singt der Elektrozähler. Man
kann minutenlang davorstehen, mit geschlossenem Munde, gekniffenen
Augen : ii – oh – a : oh – mm – ii«. / (Ein Kapellmeister, der sich beim
Dirigieren den Arm auskugelt : Opfer der Arbeit.) / Ich laß mich
skelettieren – nach dem Tode – und im Treppenhaus der görlitzer
Oberrealschule aufstellen : den Namen dran (Zettel am Fußgelenk); und
dazu ‹Ein ehemaliger Schüler unserer Anstalt›. / Nochmal : »Adieu,
Madame« (Augendrohung : !). –

Inselstraße im Abendgrau : oben 3 silbrige Kreuze, selig brummend. »Von der
Kirche aus ?« fragte er abfällig. Ich nickte stark, die Augen immer auf
den Dingern : wie wahr, wie wahr ! (Dann erklären : wieso sich die
Kirchen aufs Kanonisieren verstehen. – Die Autos steckten uns, rechts &
links, feurige Zünglein raus).

Die ‹Goethe=Straße› unserer Stadt ? – : »Jaja; haben tun wir schon eine ...« (aber
die durfte ich ihm gar nicht zeigen : ein kurzes krummes Ding; jwd.;
und auf den Schildern stand ‹Deutscher Dichter, 1749–1832›; in Forz-
heim blühen die Künste ! / Er sah meine Verlegenheit, und verzichtete
ahnungsvoll.)

‹*Sieh, da schreitet eine Lange* / *weiten Schrittes vor uns hin* !› : grauer Rock;
winziges Punktgedüster im Schußgarn; schwarze Bluse mit angeschnit-
tener Kappe. Er sah nur Defekte : dürres Beingestänge, die unreifen

56

Arme wie Weißhölzer Sandblondes Haar, im Genick als Fell; blaue
kühne Augen; der Mund aber schon rot bestrichen. (Richtig : *er* hatte
immer nur die ‹vollere Brust› geliebt). Ging ins Haus; davor ein
blaugrauer Volkswagen H 71–4222.

Knistern unsichtbarer Hochspannungsleitung : und ich beobachtete ihn angespannt :
Was denkt Goethe ? / (Nichts. Er vermutet erst gar nichts hinter dem
Geräusch. Zumal in der unteren Luft das Geschwirre von Flugzeug-
modellen war).

Oder, da : die Baumreihe nach Rotenburg ! Ich überlegte zwischen meinem
zeigenden Fingergespreize hindurch; ich schweißte die Worte zusammen :

‹Schwarzer Güterzug. (Auf Stelzen). Ungleich beladen mit Kabeltrommeln; verhangenen Panzern; stand drüben; zerbombt; und wartete. Um mit mir weiterzufahren.›

»Was aber würden Sie sagen ? Sie, der Sie weder Güterzüge, Kabeltrommeln,
noch Panzer kannten ?« / Er war zu faul zum Nachdenken über Irdenes;
verstand aber sehr wohl, was ich meinte : hier war der Zaun zwischen
uns; Gadir. (Ich fraß mir unterdessen einen Nagel ab, und spuckte ihn
aus; quite ungentlemanlike; die weite Wiese war still, wie zu seiner Zeit. –
(Fallen denn nur *mir* immer die Panzer ein; Und daß 1 einziges pralles
Platzkonzert der Wehrmacht in unserm Publikum mühelos die Wirkung
der 100 besten Nummern der AZ aufhebt.)).

Chor der Lachenden : »Hier soll Matthias Claudius sein ‹Füllest wieder Busch
& Tal› geschrieben haben – oh : entschuldigen Sie ! : ‹Der Mond ist
aufgegangen›, natürlich;« – er verstand meine rachsüchtige Gemeinheit
sehr wohl, und wir schmunzelten wieder zusammener (‹und nun ist das
meine meiner als jemals›; Hermann & Dorothea) : Irrtum wolltest Du
bringen und Wahrheit, Bote von Wandsbek / : Wahrheit ? : sie war Dir
zu schwer. – – Irrtum ? : den brachtest Du fort ! ! : Scharmantscharmant ! /
Oder das hier : »Als Du die griechischen Götter geschmäht, da warf
Dich Apollon / von dem Parnasse : dafür gehst Du ins Himmelreich
ein !« : An Alle, die sich an der ‹Pocahontas› blamierten ! / (Und ich –
ich wollte doch auch ich nicht dahinten bleiben ! – akkompagnierte mit
dem Motto der ‹Umsiedler› : »ElenderDirallein ist nicht Dein Vaterland
teuer ? / : Ja beimhimmelauchmich kostet es Tränen genug !«

Der Sportplatz drüben : n Eingang wie's Brandenburger Thor ! / : »Der
Mittelstürmer hat natürlich n Kapitän. « : Und wieder standen wir wie
die Neger voreinander :

a) Was ist ein Mittelstürmer ?

b) Wieso hält der sich 'n Kapitän ? (er stellte sich etwas wie ‹Weiße

Sklaven› darunter vor; Superkargo; und mit Recht : wie ich ihm die
historische Entwicklung über Willem, Hitler, & Erben, geschildert
hatte).

(Straßenbeleuchtung ? : »Nein : ist keine Illumination, Ihnen zu Ehren ! !«)
(Es ist ja nicht immer ein Lob, von einem Lande zu rühmen, daß es die Wiege
großer Männer gewesen sei. Dazu gehört zumindest noch der Nachweis, daß es auch ihr Grab war; und selbst das wirkt wenig befriedigend,
falls der verehrend zu ihnen Pilgernde immer wieder nach irgend einem
Buchenwald gewiesen wird : dieses Wortspiel wird nur allzubald
schwermütig=unverständlich geworden bzw. gemacht sein; ich füge
deshalb jetzt schon hinzu : der Name des hier gemeinten Landes ist
‹Deutschland› !). –

Die Telefonzelle am Paulusplatz : nur gelbes Gestänge und Eisglasplatten. Ein
Mädchen drin : am Einohr den Hörer, am andern die Ringhand. Drehte
sich, Docke, Rotröckchen; tanzte, und beschwor IHN ! Lachte auch mit
überlegenem Rotkopf uns Süchtigen zu ; sprach uns frech (unhörbar) an :
Mmm !; listete geil; schnutete und schüttelte die Ohrhände. Hob die
roten Brauen : ? : Spitzte den Mund – tat einen Trick mit dem
Schulterblatt, daß die rechte Brust boppte : ? : Jadoch, wir sahen noch
zu ! / Empfanden auch die Kirchensilhouette. Im linken Rücken die
‹Bank›. Die grasige Vorstadtstraße; dahinter die flache Bungalowfront.
(Sie trampelte vor Vergnügen, und plapperte immer starmätzig).

Weiter ‹wandeln› : Straßenbahnen; Mandolinenspiel im Dämmerschein :
'Sugarbush I love you so !' : Warum, o Mädchen, wirstu rot & gelb ? /
»Sie möchten mit so einem Ding fahren ?«

»Garçon : zweimal Hauptbahnhof, bitte !« : ihm gefiel das spezifisch blau=grüne
Licht; das Gewimmel der Menschen; nochmal : »Nein : keine Illumination !«; wir rutschten auf unserem Blechfloß durch die Stadt : die Welt
war ein einziges großes Kaufhaus geworden. / Mit schwarzen Gesichtern und Silberhaaren knixten sie in den Schaufenstern, schwebenauf
schwebenab, neigensich beugensich : eine Hexenzunft (wenn man ihnen
den Rock anhebt nur Draht, eine Neonröhre im Kreuz, als Herz eine
Büchse Nescafé).

Und hinein in die bleischwarze Halle ! : auf die eine Bahnsteigkarte soll mir's
nicht ankommen. / Wir schritten probeweise über graue Zementbrük-
ken (unter denen überall die schwarzen Riesenschlangen lauerten : ab &
zu traute sich ein Menschlein näher : da öffnete's eiserne Kiemen, und
der verschwand. Ich besah ihn lüstern von der Seite : graut Dir immer
noch nicht ? Vom Krieg müßte man erzählen können : ‹Nichts Bessres
weiß ich mir an Sonn- & Feiertagen›; aber der hatte's ja fertig gekriegt,

über *Flüchtlinge in Hexametern* zu schreiben, der seelenlose Automat ! Ich war wieder so voller Widerstände, daß ..... Er merkte, daß ich etwas gegen ihn hatte, und erkundigte sich : war auch stark, der Bube !). / (N Fernfahrplan fürs Winterhalbjahr 56/57 kann ich mir gleich mitnehmen : »Moment bitte !«).

Vor schwarzen Bänken stehen. (Unten; im Eisenleib des Bahnhofs). Da wurde ihm doch langsam unheimlich; wie sich Scheiben an Blechgurten hoben; Züge hinausflossen; Gesichter vorbeitrieben (die man nie mehr sehen würde ! Und alles rasch : nix Postkutsche !). / Wir kauften uns Bier am Stand; er tauschte ein paar Zweideutigkeiten mit der Bedienungsnutte, der Müden, Geweiteten; sie sah sofort, daß wir ‹kein Geld› hatten. / Masken visierten über Zeitungen (aus ihren D-Zügen; Orionnebel von Zigarettenrauch; die Neonröhre diesmal quer überm Kopf). Oberkörper schliefen steif in Mänteln : so hatte er's noch nicht gesehen ! Unter eisernen Zenithen.

Treppauf zurück. Er überlegte sichtlich. Er murmelte : "I'm sorry for you." (Dürftige Aussprache; ich hätt'ihm was vormachen wollen : 1 Jahr Dolmetscher bei der Polizeischule in B., mein Lieber !).

Im Bahnhofsrestaurant : »Oh ! Ist ja fast meine Zeit !« (Viertelstunde noch). (»Neenee : *kein* Pilsner ! Baba genügt !«)

Er nickte langsam. Feierlich. Nachdenklich. Ganz Wahrheit & Dichtung. Ihn noch ein bißchen ansehen : blieb mir das Lästermaul offen stehen. »Ich bin ein großes Arschloch« schlug ich vor. Er nickte immer noch (nahm etwas davon durch Mundspitzen hinweg; durch Kopfwiegen – : also nur ein kleines, bon !).

Der Uhrzeiger an der Stirnwand wischte maschinen über die 12. Er erhob seine Hand und sich; nickend und gedankenvoll : »Hm – : Hm-m-m-m- !« : »*Also* ..... !« :

Vor meinen geschwollenen Pupillen entstand ein Wirbel aus Gelb und Wand; ich schlug einmal mit der Handkante durch : da wurde er blasser. ... Noch einmal ? : da stand ein Kellner (wahrscheinlich durch das Verschwinden des einen Gastes beunruhigt) : schwarze Hosen; weißes Jackett; »4 Mark 80« : sollstehaben : da ! (Klipperdieklipp).

Ich stand allein auf : allein : ohne Goethe. Ich schob meinen Stuhl in den Tisch : Ordnung muß sein. »Auftrag erfüllt !« meldete ich militärisch nach unten der leeren Sitzplatte : die war blank gewetzt. Blank. Amt Blank. –

(Und morgen abrechnen.) –

((Immerhin : in'n Hintern getreten hatte er mich nicht. Nich direkt.)).

Nach Ablieferung dieses Berichtes wurde eine Pressekonferenz anberaumt (jeder hatte ein hektografiertes Exemplar vor sich liegen); ich entsinne mich lediglich noch folgender Punkte – (manche Antworten mußte ich – was mir von klein auf wider die Natur geht ! – frei erfinden; um die auf allen Gesichtern breit ausgeprägte Überzeugung, daß meine Führung gänzlich resultatlos verlaufen sei, wenigstens etwas zu entkräften) :

Lfd. Nr.	Frage	Frager	Antwort
1.	Seine Stimme ?	Essayist P., schwul	ältlich normal; bei Nachdruck schwacher versoffener Donner.
2.	Sein Lachen ?	derselbe	huldvoll=zahnlos; gewölbt=überlegen (letzteres häufiger als angebracht).
3.	Seine Hände; sein Haar ?	die zufällig anwesende Dichtin K.	Hände : kurz, gelb, faltig. Haar : effektvoll hochgekämmt à la Gerhart Hauptmann (unverkennbar der Spärlichkeit halber !). / Hellgrau. / »Handgeschnitten« fiel mir noch ein; es wurde begierig notiert.
4.	Sein Urteil über meine Werke ?	Die Dichter HD, TR, V, WSch, GH, KK – sogar H-W S (sic !); ferner: die Dichtinnen LK, EM (vormals Nazisse), IB, MH – kurz, der halbe Kürschner.	Alles Wind !
5.	Wen hat er gelobt ?	dieselben; mit veränderter Fragestellung.	D, J, AA, MB (den Filosofen), mich (allgemeines Murren und Gelächter).
6.	Will er Akademie-mitglied werden ?	der Sekretär	Nein.
7.	Ehrenvorsitzender ?	derselbe; nach Beratung mit d. 1. Vorsitzenden	Nein ! / »Warum nicht ? !« : viele entrüstete Stimmen durcheinander. / Antwort : zuviel zweideutige Mitglieder (führende Politiker, die ‹auch› schreiben); Preis zu oft an Schwätzer.
8.	Was hält er a) von der Außenpolitik unseres Bundes-kanzlers ?	Journalist, CDU; sichtlich auf Propa-gandamaterial aus	a) Nichts. b) Nichts. c) Nichts.

Lfd. Nr.	Frage	Frager	Antwort
	b) von der Ein- führung der 49%-Klausel?		
	c) vom Aufstand in Ungarn?		
9.	Was vom Mit- bestimmungsrecht?	Journalist, ‹Welt der Arbeit›	War nicht erwähnt worden. (Jetzt hab ichs mit dem DGB verdorben. Ich nehme aber an – wenn ich mir so alles überlege – er wäre dagegen!).
10.	Ui beurteilen er die Uidewaal von Eissen- hause?	Leiter des F'er ‹Amerikahauses›	S e h r ungünstig!: Generäle in der Politik!
11.	Was wären seiner An- sicht nach denn die bemerkenswertesten deutschen Zeitungen?	Der Herr vom ‹Rheinischen Merkur›; triumfierend.	Studentenkurier, Hamburg / AZ / Hannoversche Presse / Nürnberger Nachrichten / Neues Deutschland. (Mehrere Minuten anhalten- des Pfeifkonzert; »Erstunken!«, »Erlogen!« / Eine verächtlich dröhnende Baßstimme:»Mag ihm ja alles schön dargestellt worden sein!«, militärisch unüber- hörbar, wohl von einer der Soldatenzeitungen. / Nach den bedeutendsten Zeitschrif- ten fragte Niemand mehr).
12.	Hält Goethe einen Krieg für möglich? Und wann?	Unbekannter; ganz in Schwarz.	Ja. / Bald.
13.	War er von der letzten Rentenerhöhung beeindruckt?	Zivilist; Frage so un- befangen gestellt,daß Regierungsmitglied wahrscheinlich.	Nein! (15 Mark zu Weih- nachten; und keine Garantie gegen Erquetschen beim Abholen).
14.	Befürwortete er einen Besuch Adenauers in Neu-Delhi oder Tel-Aviv?	Prof. K., Mitglied des Europarates	In Pankow.

Lfd. Nr.	Frage	Frager	Antwort
15.	Wa-rum??!!: haben Sie – in Ihrer Aufzählung der wichtigsten nachgoetheschen Dichter – nicht Hermann Löns genannt?! Hans Grimm! Dietrich Eckart; Herms Niel; Blunck! Horst Wessel!	Wuchtig. Bekannte sich in einem kurzen Vorspruch zu einer der winzigen – aber zukunftsreichen – Rechtsparteien; und legte knapp deren politische Ziele dar. (Überall Nicken und Beifallsgemurmel).	Ja, warum wohl nich?
16.	Zum Falle John?	Hei, wurden da alle Gesichter neugierig!	‹Es sei eine Schweinerei!› / (Jetzt waren sie so klug, wie zuvor! Je nach Richtung haben sie dann aus eigenen Mitteln hinzugefügt: das Urteil / Johns Handlungsweise / das ganze Verfahren / usw.).

Tags darauf berichteten sämtliche Zeitungen des Bundesgebietes u n d der DDR (5 Zeilen, unter ‹Kulturnachrichten›) über G.s Besuch. Ausnahmslos wurde festgestellt, daß diese ‹Führung› (doch wohl ‹eine der wichtigen›) unverkennbar der ungeeignetsten Persönlichkeit anvertraut worden wäre. (Varianten : unbegreiflicher-, unverständlicher-, unglaublicherweise) – Viele verlangten – im Zusammenhang mit den ‹6600 Mark› – man hatte aus Pikanterie mehrfach den Punkt vor den Nullen weggelassen – ‹unnachsichtige Ahndung›, (Varianten : ‹Unterschleif›, ‹Steuergelder›.) / Die meisten nahmen's zum Anlaß, zwanglos eine Rezension des ‹Steinernen Herzens› damit zu verknüpfen; wobei schöne Formulierungen zum Vorschein kamen : ‹umgestülpter Mastdarm des Teufels›, (‹Totengräber deutscher Sitte›, ‹Wo bleibt der Staatsanwalt ?›, ‹Feme, was zögerst Du ?›). / Hierfür wäre doch ‹einzig und allein› X. zuständig gewesen. (‹X.› steht für etwa 170 verschiedene Namen zwischen Aleph und Tau) – womit man dann wieder den Goethe-Besuch meinte.

In eigener Sache : Ich verwahre mich an dieser Stelle ausdrücklich gegen die mehrfach laut geäußerte Behauptung, ich hätte im Vorstehenden die m a i n z e r Akademie gemeint : wo gibt es in Mainz einen ‹Roten Turm›? Wo einen ‹Schloßberg›? Ich kenne dort wohl einen Präsidenten, aber keinen ‹1.Vorsitzenden›! Und ‹Heinrichstraßen› gibt es doch wohl überall so lang wie John Silver! Ich werde, sollte mir ein solches Gerücht noch einmal zu Ohren kommen, gegen den Betreffenden unerbittlich vorgehen – nicht gerichtlich, das liegt nicht in meiner Art. Aber ich werde ihm mein nächstes Buch widmen! : die wirtschaftlichen und gesellschaftlichen Folgen werden ihm eine Lehre fürs ganze Leben sein!

Arno Schmidt

AUS DER INSELSTRASSE

TROMMLER BEIM ZAREN

Ich selbst hab' ja nichts erlebt – was mir übrigens gar nichts ausmacht; ich bin nicht Narrs genug, einen Weltreisenden zu beneiden, dazu hab' ich zuviel im Seydlitz gelesen oder im Großen Brehm. Und was heißt schon New York ? Großstadt ist Großstadt; ich war oft genug in Hannover; ich kenn's, wenn morgens tausend Henkelmänner mit ihren Kännchen aus dem Hauptbahnhof geschwindschreiten, in Fächerformation, hinein ins Vergoldete Zeitalter. Einer hat'n Gang, als käm'n Dackel hinter ihm her. Backsteinfarbene Geschöpfe mischen sich ein, Schirmpfeile in den blutigen Händen, (oder auch in totschwarzen; gleich werden ihre Schreibmaschinen hell wie Wachtelschlag erklingen. Alle die Weckergeweckten. Schon räuspert sich das Auto neben mir strafend; dabei bin ich doch wirklich, schon rein äußerlich, nicht mehr in dem Alter, daß man mich im Verdacht haben könnte, der Anblick zweier Milchdrüsen vermöchte mich noch zum Trottel zu machen !).

Also das Alles nicht. Aber Abends und Nachts spazieren geh' ich ganz gern – man beachte das dreifach-gaumige ‹g›, mir ist es eben auch unangenehm aufgefallen, (‹warum› will ich aber nicht wissen; ich halte nichts mehr von ‹Psychologischen Befunden›, seitdem ich mich einmal unter der Hand nach der Bedeutung solcher-meiner nächtlichen Gänge erkundigt habe. Ein Gutachten sagte klipp & klar, ich sei hyänenhaftfeige und eine potentielle Verbrechernatur; das sind die Meisten von uns, sicher. Das andere behauptete, ich wäre ein Mutfänomen – ach, Du lieber Gott ! Es wurde mit jedenfalls sehr rasch zu viel, auch zu teuer. Ich hab' dann selbst längere Zeit darüber nachgedacht; der eigentliche Grund dürfte sein, daß ich so schlecht sehe, und es mir am Tage zu hell und zu heiß ist).

Jedenfalls gehe ich immer erst eine rundliche Stunde – ich hätte gebräuchlicher ‹runde› schreiben sollen, ich weiß; aber das hätte sich dann auf ‹Stunde› gereimt, und ich mag Gedichte nicht – da sieht man allerlei, und braucht sich nicht als ‹voyeur› vorzukommen, also ‹schuldig› oder gar ‹sündig› : den Meisten-von-Uns vergeht das Leben damit, die in der Jugend verkehrt eingestellten Maßstäbe mühsam wieder zu adjustieren.

Die Jahreszeit spielt dabei keine Rolle – ich kann durchaus einen winterlichen Neubau würdigen, früh um 5; und die Handwerker tauen die eingefrorene Pumpe des schon fertigen Nachbars mit lodernden Tapetenresten auf. Es darf ein Sommermeteor sein, der gegen Mitternacht seinen Nylonfaden durch die Giraffe zieht, und über der DDR zerspringt; (ich wohn' so dicht am Zonenübergang. Und erkenne also vorsichtshalber die DDR an.) Es darf ein Spätherbstabend sein, wo man stehen bleibt und horcht : was war das Geräusch eben ? Eine nahe Grille; oder ein meilenferner Traktor ? (Zum Frühling fällt mir im Augenblick nichts ein, und ich bin nicht Pedant genug, mich deswegen irgendwie zu forcieren; der Herbst ist mir jedenfalls die liebste unter den Jahreszeiten.)

Anschließend gehe ich dann grundsätzlich noch in die Fernfahrerkneipe; und das kann eventuell lange dauern; denn da sitzen ja dann lauter Leute, die ‹etwas erlebt› haben, beziehungsweise Alle noch mitten im Erleben drin sind, und zwar heftig.

Allein die ganze Atmosfäre dort : das hochoptische Gemisch aus nacktem Kunstlicht und kurz & klein gehackten Schatten. Die fleckigen Tischplatten (Decken haben davon nur die 2, links vom Eingang, wo die überwachten Vornehmen sitzen, in dünnen Fingerspiralen Eisglaskelche, auf denen Schlipsschleifen aus Zitronenschalen schwimmen : ER mit jener für öffentliche Ämter so unschätzbaren würdevollen Fadheit und leeren Ernsthaftigkeit, (dabei so doof, daß er nicht mal in der Hölle Eiskrem verkaufen könnte, wenn er selbständig sein müßte !); SIE von der Sorte, die auf Camping-Plätzen gleich Blümchen vors Zelt pflanzt und einen Tannenzapfen daneben legt.)

Die Ernstzunehmenden sind natürlich die Anderen, Männer wie Weiber. Meist breit, mit energisch-fleischverhangenen Gesichtern, die Fahrer; sämtlich fähig, eine abstrakte Kleinplastik notfalls als Büchsenöffner zu verwenden; (ich bin nicht für's Moderne; man hat es vielleicht schon gemerkt). Die Frauen meist ‹Lieschen›, mit leicht gezerrtem Defensor virginitatis, aber handfest : weder ist die Brust, vorn, Tarn & Tara, noch hinten die Porta Nigra.

Die betreffende breitschultrige Fünfzigerin hatte ich übrigens schon öfter hier gesehen; stets leicht be-bowlt, so daß die Stimme ein entzükkend hoher heiserer Baß wurde. Eben erklärte sie vermittelst desselben : »Mein Vater war Trommler beim Zaren : bei mir ist Alles Natur !«. (Eine Logik, die mir zwar gewagt, ihrem heutigen Partner jedoch anscheinend legitim vorkam, denn er nickte eifrig. Seinen Beruf erkannte ich, als er dann gleich allein abfuhr : er machte seinen Weekendausflug im Leichenauto. Und ich stellte mir das 1 Minute lang illustriert vor. Bis ich kichern mußte.)

Meine 2 Nachbarn auf der andern Seite bestellten sich erst »'ne Schachtel Zie'retten«, (der Eine noch zusätzlich »Fefferminzbruch«); und dann machten sie Folgendes : Jeder tat in sein leeres Glas 2 gehäufte Teelöffel Nescafé, und goß dann frisches CocaCola drüber : das schäumte hoch; dick & gelbbraun; Alles schien sich aufgelöst zu haben; sie schlürften und lächelten technoid. (Das muß ja auch toll aufpulvern ! Ma'probier'n.) Mit solchem Trank im Leibe hatten sie dann freilich gut ketzern lästern & erzählen :

von dem Kehlkopfoperierten, dem die Russen die silberne Kanüle aus dem Halse geklaut hatten; (dabei hatte er noch ‹Wilke› geheißen, was ja bekanntlich vom slawischen ‹Wlk›, gleich ‹Wolf›, kommt : es hatte alles nichts genützt !).

»Wat hat sich 'ne Hausanjeschtellte vadient, die 60 Jahre in een- und derselbn Famielje jearbeit' hat ?« : »'ne Urkunde von'n Landrat ?« entschied der Andere pomadig. / Auch wollten sie, relata refero, Deutschland neutralisieren & entwaffnen; und dann noch 'ne solid-lose Konföderation ‹zwischen Bonn und der DDR›; und ihre Begründung war, wie immer bei Fernfahrern, so dumm gar nicht. Sie gingen nämlich von der 5%-Klausel aus, und einem künftigen Weltstaat : in dessen Parlament wäre ‹Bonn› dann nämlich mit nichten vertreten ! »Denn fümf Prozent von drei Milljarden, det mußte Dir ma' ausrechnen, det sind hundertfuffzich Milljohn' !«. (Und der Andere nickte, vorgeschobenen Untergelipps, à la ‹Ja bei uns schtimmt e'em ooch nich Alles›.) / »Mensch, Du liest noch Karlmay ? ! Bei dem kommt doch nich een Auto vor ! Da reiten se doch noch uff Ferden rum, wie beim Ollen Fritzen – det hat doch keene Zukunft !« / (Und endlich fing er an, von ‹Erlebtem› zu erzählen – darauf hatte ich gewartet; darauf warte ich immer; ich warte ja überhaupt auf nichts anderes. Schon kam ich mir wieder vor, wie bei Homers : los : skin the goat !)⁻

: der Betreffende – (Ich will ihn, geheimnisvoll, ‹Den Betreffenden› nennen. Das paßt für Viele : Dürre in Niedersachsen; dafür Überschwemmungen in Salzburg ? : ‹Der Betreffende hat wieder mal falsch disponiert !›) – war ‹im Westen› zu Besuch gewesen, Jubeltrubelheiterkeit; und hatte, da seines Zeichens Omnibusunternehmer, auch hiesige Tankstellen und Autohändler frequentiert. Neidisch die besterhaltenen Gebrauchtwagen gemustert – auf einmal blitzte sein Blauauge : war das nicht dort derselbe Autobus wie ‹seiner› ? Natürlich nur viel fescher, und fast wie neu. – : »Den müßte man haben !«

Handelseinig wurde man relativ rasch; denn der Betreffende war im Nebenberuf auch noch HO-Leiter, und da fällt ja bekanntlich immer

Einiges ab. Nur hatte ‹seiner› hinten noch 2 ovale Fenster drinne : ? »Die schneiden wa rein !«.

»Fuffzehntausend ? Na ?«. – »Ja. Aber zahlbar erst nach Empfang !« (Und wie das Ding über die diversen Zonengrenzen kriegen; es war ja schließlich ein Objekt, das man sich nicht in den Ärmel schnipsen kann !).

: »Und denn haa'ck'n rüber jebracht !«. (Jetzt lehnte auch die Nachfahrin des Zarentrommlers ihre machtvollen Reize interessiert näher. Also zumindest ein Teil war bestimmt Natur.)

: »Erst ha'm se noch det janze Verdeck innen vabrannt«; nämlich beim Einschneiden der, zur Tarnung unerläßlichen, beiden neuen Rückfenster. Bis aus Lüneburg mußte man einen Sattler ranholen : »und ick schtand wie uff Kohln ! Und et wurde Neune« (und zwar P.M.; das dauert jetzt schon 30 Jahre, und die 24-Stunden-Zählung ist immer noch nicht volkstümlich geworden); »und et wurde Zehne : endlich, um Elwe, konnt'ick los !«

Und war eine finstere Nacht gewesen : der Regen goß in Strömen; von den Wetterfähnlein der Kirchtürme kreischte es herunter, wenn er, seinen Leviathan hinter sich, durch die schlafenden Dörfer spritzte; Paul Revere war ein Waisenknabe; bis Helmstedt.

: »Den een' Zollfritzen kenn'ick, der saacht : ‹Kieck ma det Pärchen; die warten ooch schonn seit drei Taachen, det se Eener mitnimmt. Die sind bestimmt durchjebrannt, und wolln jetz wieda zu Muttien.› Finster sahn se ja aus.« (Kunststück : 3 Tage warten; wahrscheinlich ungewaschen; ohne Geld; und dann bei dem Wetter. Jedenfalls hatte er sie, der Bus war ja ganz leer, dann um Gottes willen bis auf die Höhe von Lehnin mitgenommen. Begreiflicherweise auch den Rückspiegel so eingestellt, daß er vorsichtshalber die beiden Zerknitterten beobachten konnte. Beschrieb auch deren intimere Evolutionen; wozu unsere ältliche Hörerin, fachfraulich gepreßten Mundes, mehrfach billigend nickte. Einmal allerdings stieß sie verächtlich Nasenluft aus : Anfänger !).

: »Hinta Braunschweig hatt'ick schonn ma'ne Weiße Maus hinter mir jehabt«, (so nennt man in solcher Umgebung, unehrerbietig, einen einzelnen Verkehrspolizisten auf seinem Motorrad); in Westberlin aber war es dann gar ein »Peterwagen« (also ein ganzes Polizeiauto) gewesen, das ihn an den Straßenrand gedrückt, und seine Papiere kontrolliert hatte : die waren auf BRD & Westberlin via Zone ausgestellt gewesen, und ergo unanfechtbar; hier lag ja auch gar nicht die Schwierigkeit; aber

: »nu schteh ick in Berlin-Schalottenburch, und der Betreffende kommt an : mit *sonner* Aktentasche ! Alles Fuffzijer und Hunderter.« Da

68

wurde einem, beiden Teilen bekannten und ehrwürdigen, neutralen Dritten die Kaufsumme übergeben; der schrieb im Schweiße seines Angesichts 15 Postanweisungen à tausend Mark aus, und gab erst mal 7 davon auf bei der Post – in Berlin wundert man sich über gar nichts mehr.

: »Haste de Nummernschilder ? !« Nämlich von des Betreffenden »alter ostzonaler Schaukel« : die mußten erst passend gemacht werden; das heißt, die Schraubenlöcher genau aufeinander, sämtliche Muttern geölt. Und dann als erstes wirkliches Risiko

: »durchs Brandenburger Tor : und det *war* vielleicht enge, Mensch, wie bei 'ner Jungfrau : ‹Kieck Du links raus; ich rechts.›«; so waren sie, die Wände beinahe streifend, durch jenes nicht-marmorne deutsche Wahrzeichen gesteuert; und drüben harrte schon der Volkspolizist.

Nun braucht man im inner-berlinischen Verkehr weiter keine Papiere – aber daß sich Einer zur Besichtigung des Ostsektors ausgerechnet einen leeren Omnibus wählt, befremdete den Blanken, und mit Recht, doch ein wenig. Der Dicke aber, eiserner Stirnen rundherum übervoll, hatte solange auf seine besichtigungslustige Korpulenz, und den 1 Freund, verwiesen, bis der Beamte endlich achselzuckend sagte : »Et kost' ja *Ihr* Benzien.« Und ihn weiterließ.

: »aber nu kam de eijentliche Schwierichkeit«; und das war der Übergang aus Ostberlin in die ‹Zone›, also, disons le mot, die DDR : »Da hatt' ick nu schonn vorher meine Bekannten mobilisiert jehabt : ‹Sucht ma'n janz einsam Grenzüberjang raus›« – er hielt den Zeigefinger effektvoll 3 Zentimeter vor die dicken Cäsarenlippen, und funkelte uns Lauschende majestätisch an (und geschmeichelt auch. Die Gebärden der Erzähler hier sind mannigfaltig.)

: »und zwar in Richtung Ludwigslust. – Ick fah da also immer an'n Kanal lank. Vor uns Keener, hinter uns Keener; et iss ja ooch bloß'n halber Feldwêch.« Steuerbord voraus kam der Kontrollposten in Sicht : eine simple Bretterbude, ganz einfältig. Bis auf 300 Meter fuhren sie ran

: »dann wir runter. Ick saache : ‹De Schilder her : ick vorne, Du hinten !› Und de Muttern bloß so mit de Finger anjezogen. Rinn in'n Kanal mit de alten Schilder; und immer noch keen Aas in Sicht. Und ick richt' ma uff. Und ick dreh ma um. Und ick saache bloß : ‹Hier haste Dein' Omnibus.›« (Und wir nickten Alle im neidischen Takt : es gibt schon noch Männer !).

: »Der konnte det jaa nich'jlooben ! Det er nu'n neuet Auto hatte.« Hatte nur immer strahlend das neu auf West lackierte Ungetüm betrachtet, der Betreffende. Und dann wieder den mutig-Dicken. Hatte sich selig ans Steuer geschwungen; ihm noch »Hundert Ost : für't Mittachessen !« in die Hand hinuntergedrückt; und war dann abgebrummt.

: »ick seh ma det noch so an, wie er an det Wach-Häuseken da ran jondelt. Da kiekt een-Enzjer raus, mi'm Kopp. Und winkt bloß so mit de Hand« – so schwach und schläfrig winkte die seine nach, wie ich, in a long and misspent life, noch nie zuvor gesehen hatte – »und der winkt wieder – : und da iß er ooch schonn durch. Keene Kontrolle. Nischt ...«. Und breitete, leicht kopfschüttelnd, die Hände; und ließ sie wieder auf die Tischplatte sinken : geritzt.

Wir waren verpflichtet, wiederum zu nicken. Taten es auch gern. Der Andere bot ihm vor Anerkennung einen Stumpen.

»Det haa'ck übrijens ooch noch nich jewußt, det-det Brand'nburjer Tor nich massiv iß. Ick hab' immer jedacht, wenichstens Jranitt oder so.« Aber der Erzähler schüttelte nur ablehnend den kundigen Kopf : nichts; gar nichts : »Überall blättert de Tünche ab.«

»Bei *mir* ist Alles Natur«, sagte die Walküre, und lehnte sich voller zurück : »Mein Vater war Trommler beim Zaren !«

SCHLÜSSELTAUSCH

Da ist es sehr einsam, hinten an der Saar. Schluchten mit senkrechten Wänden aus triassischem Buntsandstein; haushohe Felskerle sperren den Weg, in rostroter Buschklepperrüstung, den riesigen Wackelstein als Schädel; (‹da kommen Berge, auf denen sollen Leute wohnen mit Ziegenfüßen; und wenn man hinüber ist, welche, die schlafen sechs Monate lang› – ich habe solche Stellen bei Herodot immer gerne gelesen. (Mein erstes Epos, ‹SATASPES›.))

In das schläfrige Dörfchen, in dem ich damals wohnte, war ich eben von einem Waldgang zurückgekommen; die üblichen unsichtbaren Spinnweben hatten knisternd mein bißchen Stirn überklebt, im Weiterkrümmen durch Gebüsch und Hartwuchs. Oben, zu beiden Seiten der Chaussee, stürmten die Weiden heran, Säbelbüschel über den Wirrköpfen; Wind duckte hierhin und dorthin; das Wetter schien umzuschlagen.

Dann saß ich erschöpft und zufrieden in meiner einen Stube; ziemlich möbelleer, aber ich kann zur Not den Schreibmaschinenkoffer als Kopfkissen nehmen, und mich mit der Stubentür zudecken. Außerdem denkt man besser bei wenig Geräten : mein Ideal wäre ein leeres Zimmer ohne Tür; zwei nackte Fenster, ohne Vorhänge, in deren jedem das magere Kreuz renkt – unschätzbar bei Himmelsborten wie morgens um vier; oder abends, wenn dürre rote Schlangenzungen der Sonne nachzischeln, (schon bogen sich meine Finger dementsprechend).

(Noch dies zur Erklärung : ich lebe von den Revenuen meiner Schreibmaschine. Meist süße Nichtigkeiten : Zeitungsbeiträge; Plaudereien; im Großen Brehm gibt es den Begriff des ‹Menageriebildes› – wo so zehn Tierarten zwanglos in einer paradiesischen Landschaft zusammen stehen – in der Art verfaßte ich also meine Artikelchen, ‹Von den‹ Gelehrten, so böse Weiber gehabt›. Wenn es hoch kam, einmal ein seriöses Nachtprogramm. ‹Fouqué und einige seiner Zeitgenossen›. Kein schöner Beruf !).

Also sitzen, und mit geweiteten Augen die Gedankenbeete überblicken. (Vorn, vor mir, tickte die Taschenuhr; ich bin altmodisch, und schätze die derben Uhrenknollen, in Bergmannskapsel, an stählerner Kette). Die weiße Wand sah mir, wie immer, geruhsam zu; geruhsam zu; – geruhsam. Zu. – – (Der blanke dicke Punkt im Türschloß, das war das Ende des Schlüsselstabes; sehr blank. Störend blank eigentlich; ich beschloß, ihm morgen einen Papierkreis draufzukleben.).

Stille. Fern auf der Feldmark lärmte ein schwächlicher Traktor. Eine Nase hatte man wie ein Schnabeltier. Und die Wand war geduldig wie nur je ein Stein; von und zum Stein. – Aber etwas stimmte hier doch nicht! Ich zog das Gesicht zusammen : ? : Ah! Da!

Ganz leise, nur am veränderten Blinken bemerkbar, drehte sich der blanke dicke Punkt im Türschloß. Drehte : und verschwand!

Nun schaltet es bei mir immer langsam. Ich bin meist bis zur Brust im Gedankenschungel versunken, und muß mich erst herausstemmen, die Handflächen aufgesetzt – : da war der Schlüssel weg!

Ich sprang zur Tür; ich klinkte und riß mich hindurch; den Kopf nach rechts : nichts! Den Kopf nach links ? : war da nicht eben die Haustür ins Schloß gefallen ? ! Ich tat drei Schritte (ich bin ein Meter fünfundachtzig und hab' lange Beine!) – und sah eben noch etwas Braunes drüben im Obstgarten verschwinden. Eine übermächtige Hand stieß mich ins Kreuz : hinterher!

Jagd auf Braunes : die Äste gaben mir vollen Anteil ihrer Fechterkünste, Quart, Terz, Seitensekunde. Eine fragwürdig gelbe Sonne fleckte überall.

Hetzen auf Ackerwegen. Nach hundert Metern waren wir am Felsrand, und mein Braunes stürzte sich kopfüber in Haselbüsche. Ich kollerte eine Wand hinunter; machte alle Gelenke weich – meingott, die Geschwindigkeit nahm immer noch zu! – wurde durchs Rinnsal gewälzt, an einen Kiefernstamm geklebt; und richtete mich breitarmig auf : es rutschte oberhalb; die Gebüsche schlugen wilder um sich; ich duckte mich, und fing den großen braunen Ball mit dem ganzen Körper auf; dran ein Mädchengesicht mit sandigem Kopf : so hielten wir uns eine zeitlang, und atmeten erst einmal aus.

Sitzen nebeneinander. »Ja, ich hab' ihn.« gestand sie keuchend von meinem Schlüssel. Wind stöhnte überrascht einmal auf; dann wieder vorgewitterhafte Stille : mittelgroß; dünne Beine; abwesendes Gesicht. »Ich sammle nämlich Schlüssel – berühmte Schlüssel. Von Staatsmännern; oder Professoren.« (Wir keuchten dazwischen immer noch einmal auf, ‹todos : juntos› wie die Spanier für ‹Hau Ruck!› sagen). »Oder von Dichtern.«

»Wo wohnen Sie eigentlich ?« fiel mir ein; und sie zeigte mit dem Kopf nach dem Häuschen am Hang. Auch ihr Mantel war ebenso abgeschabt wie der meine, und die Schuhe nichtswürdig schiefgetreten. »Glaub ich nicht; erst will ich's sehen!«. Also gingen wir friedlich nebeneinander zu ihrer Wohnung : eine Stube; weiße Wände; Flüchtling aus Schlesien.

Sie drehte sich verlegen inmitten der armen Möbel; verriegelte auch erst die Tür; dann zog sie einen Schub auf : »Hier.« Und ich sah betroffen auf die mächtigen, teils schon verrosteten Schlüsselbunde; an jedem ein handgeschriebenes Schildchen : ‹Schlafzimmerschlüssel Greta Garbos›; ‹Eisenhower seiner›; ‹Schlüssel zum Studio von Prof. Max Bense›. Sie wog zaghaft den meinen in der hellbraunen Hand; sie frug mit hoher heiserer Hexenstimme : »Darf ich ?«

Rasch draußen; ich fragte heimlich die Bauersfrau : »Wer ist Ihre Mieterin eigentlich ?«. Die derbe Dicke nickte mit dem ganzen rot-marmorierten Fleisch und lachte : »Die hat alles im Osten verloren, und ist hintersinnig geworden. Ganz alleinstehend; harmlos. Aber auf die Schlüssel muß man sich aufpassen !«. – Ich ging zögernd wieder hinein; wenn ich für einen Menschentyp anfällig bin, dann sind es die Sammler : Leidenschaft und Rücksichtslosigkeit; Zartheit und Mordgier.

Also trat ich auf die Hellbraune zu : der Kopf paßte an meine Brust. Ein dickes Haarnest, in dem man Diamanten verstecken konnte (und Schlüssel ! Sie war gleich begeistert ob des Einfalls !) Anfang Vierzig : das paßte auch. Wir sahen uns eine zeitlang an.

»Also Sie dürfen meinen Schlüssel behalten – wenn Sie mir Ihren geben !«. Sie hob das glatte Gesicht : »Och,« sagte sie unschuldig, »das ist bei mir ein ganz simples Kastenschloß – das lohnt gar nicht.« Stille. Ich atmete einmal tief ein, daß meine Schultern empfehlenswert breit wurden (‹Buschklepper in rostroter Rüstung› hieß es vorhin wohl) : »Trotzdem; ich möchte es gern !« sagte ich leise.

Sie sah erst den Schlüssel an,, dann mich; zu mir empor; dann wieder den einfachen Schlüssel. Langsam überzog eine zarte Röte ihr Gesicht. »Ach so« sagte sie zögernd. Blicke hin und her. »Ich bin aber doch verrückt« wandte sie schwächlich ein. Ich lehnte kurz mit dem Kopfe ab; versprach auch noch : »Ich besorge viele Schlüssel von Dichtern : ich kenn' alle !«.

Sie senkte ergeben die Stirn gegen mich; ihre Schultern zweifelten noch ein bißchen. Dann bürgerte sie langsam zur Tür; zog ab; kam auf mich zu; bohrte mir verlegen mit dem Schlüssel am Bauch herum; sah hoch und lächelte : erst bedenklich; dann immer strahlender. Ihre Hände begannen an mir zu nesteln : Brust, Schultern, höher, – Hals ! Auch ich winkelte die Ellenbogen an, und legte die Hände um ihre dünnen Schulterblätter.

»Ach ja !« sagte sie beruhigt. Zum Schlüsseltausch.

DER TAG DER KAKTUSBLÜTE

Innerhalb einer Woche war der Auswuchs mehr als fingerlang und -dick geworden, vorn verheißungsvoll geschwollen, die weichen schlammgrünen Schuppen dehnten sich prächtig schwanger – : und heute früh hatte sich die Blüte aufgetan, ein Grammophontrichter älteren Stils, und natürlich violett : Melodien meinte man daraus zu hören, Ipecacuanha; ich wehrte entrüstet den Brummer ab, der sich breit, car tel est notre plaisir, hineinspreizen wollte, und nahm unterm Schreibmaschinengeklapper wieder eine Portion des schwach bitteren Rüchleins.

Klingeln : ich erschrak gebührend ob der Uniform; und kam mit hinunter, wo endlich der geheimnisvolle Briefkasten geöffnet werden sollte. Finanzsekretär Meißner vom dritten Stock hatte es nicht länger ertragen, und dem Postamt schriftlich Meldung erstattet : wie sich da in dem zwölften der eingebauten Briefkästen geheimnisvoll die Postwurfsendungen stauten. (Wir waren nur elf Mieter, und der Hauswirt hatte der Symmetrie halber zwei mal sechs, undsoweiter undsoweiter). Es war jedenfalls das Hausgespräch gewesen, noch ehe mein Kaktus anfing zu treiben.

Immerhin waren wir außer dem Beamten jetzt nur fünf Zeugen; denn es war Vormittag, und die meisten auf Arbeit. Also der Alte von tausend Monaten, aus dem das übliche Wortgewölle quoll; der Kleine des Anstreichermeisters, Frau Findeisen, ganz Vierzigerin mit frischerneuertem Bronzehaar; Gudrun Lauenstein (siebzehn Jahre); und ich, moi même. Ich begrüßte mit dem linken Auge die strahlende Neufrisierte, mit dem rechten blinkte ich Gudrun an (ich bin Junggeselle und darf das !) : die stand finster auf nadelschwarzen Beinen, und tat wie ein Schicksal. Ein rotkäppiges Kind, einen dürren Zweig in der Hand, galoppierte an der offenen Haustür vorbei, zart schreiend, vom Asphalt immer wieder hochgeschnellt, hochgeschnellt, hochgeschnellt.

Der Beamte probierte Schlüssel und Dietriche (‹Und dann von vorn : es geht nicht, es geht nicht› !) : Aahh die buntbedruckte Fülle ! (Gudrun schob mir blitzschnell einen Zettel in die Hand : ‹Die Sonne ist weg !›. – Ich verstand gleich : sie hatte beschlossen, Schriftstellerin zu werden, und pflegte mir von Zeit zu Zeit Themen zur Begutachtung vorzulegen. Sie las rasend schnell, alles Gedruckte, und identifizierte sich mit der

Heldin; einmal einen Kriminalroman, wo der treulose Gatte sorgfältig gehaßt wurde : noch drei Tage danach war ihr Benehmen mir gegenüber seltsam fläzig, und ihre ohnehin schon bedenkliche Frigidät gletscherhaft. Ich schüttelte auch jetzt abfällig den Mund : zu gewaltsame Erfindung, dies pereat mundus fiat poesia : Nichts !).

Also die Postwurfsendungen : Neueröffnung eines Selbstbedienungsgeschäftes; der vollelektrische Haushalt; kauft Margarine Rama-Hautana : barbarische Namen, ich machte mir keine Hoffnung, sie je im Kopf zu behalten. Ah, hier eine adressierte Drucksache : »Komm, Holofernes !« (der sächsische Malermeister hatte einmal den Kleinen losgeschickt, »Hol' Fernes !«, also ‹Firnis›; und der Unselige hieß seitdem und für alle Zeiten so).

Nach links lugen : einen Busen hatte Frau Findeisen, mindestens Größe Neun ! Draußen jaulte der Streifen-(Überfall-??)-wagen der Polizei straßenentlang; wir sahen ihm behaglich nach, und stellten Vermutungen an : Größe Neun ?

(Gudrun hatte sorgfältig meinen Tasteblick verfolgt; kritzelte, und stieß mir den Zettel in die Finger : ‹Eine Seuche bricht aus, die alle Menschen über Siebzehn hinrafft !›. Ich konzentrierte mich auf das rechte Auge; ich flüsterfragte kokett : »Mich auch ? !«. Sie schrieb, eisig über dürren Beinträgern : »Dich auch ! !«).

Unterdes quollen mehr Drucksachen heraus : alte Zeitungen; eine essener Firma bot atomsichere Mäntel an, mit Kapuze 10% mehr ; der Haushalt auf Vollgas umgestellt. Da ! : ein Brief an die Witwe Margarete Selbner, Herrenweg 3 (und ein halbes Dutzend Fragezeichen darauf; die armen Luder von Briefträgern hatten sich keinen Rat mehr gewußt, und das Ding blindlings in den namenlosen Schlitz gestopft). Aber jetzt wurde es ernst; der Beamte notierte den Fall finster und übereinandergepreßten Mundes. Ich tat auch noch, als machte ich Notizen : ich bin Journalist, hatte ich ihm rasch erklärt. Und er stöhnte durch die Nase : auch das noch !

Ein Lotterielos; der ‹Bund der Deutschen› war aktiv; ich entschied mich heute doch lieber für Gudrun. »Religion besteht mehr in Furcht vor dem Teufel, als in Liebe zu Gott«, wehrte ich Frau Findeisen ab. »Der Kluge hält überlegene Kenntnisse so geheim, wie einen Leistenbruch« pflichtete ich dem sorglichen Beamten bei. Auf der Treppe lehrte ich Gudrun eine unfehlbare Methode, Dichter in ihrer Häuslichkeit kennen zu lernen : als Schornsteinfeger verkleiden; das Gesicht schwärzen; so Öfen und Herde kontrollieren : »Hier müssen Sie noch ein Blech davor legen; dreißig mal fünfundvierzig, neue Bestimmung !«.

Dann, oben bei mir, erklärte ich ihr noch die Kaktusblüte – sie hörte allerdings eine ganz andere Melodie, (ungefähr wie ‹Apoxyomenos›, sehr merkwürdig !) – und ihr Schichtunterricht begann erst 14 Uhr 45.

NACHBARIN, TOD UND SOLIDUS

Blaßgrünes Gesicht, mit schwarzer Mundschleife locker zugebunden – so sah es wenigstens bei Mondlicht aus, morgens um fünf. Ich hatte wieder nicht schlafen können, und war ans Fenster getreten : rechtwinklig dazu, in ihrem Erker, stand die Nachbarin, Kriegerwitwe, wir hatten noch nicht miteinander gesprochen.

(Ingebartels, Ingebartels, Ingebartels, sagte die Uhr hinter mir mehrfach den Namen, und lachte dann flämisch auf : ho ho ho ! : also 4 Uhr 45. Ein schwarzes Auto auf schwarzer Straße; seine Vorderpfoten schaufelten unermüdlich. Auch ein unsichtbares Motorrad sprudelte auf, und zog dann die kleiner werdenden Schallperlen hinter sich her).

Ich öffnete mein Fenster; auch ihre Hand begann gemessen vor sich zu nesteln, und wir schoben uns jeder in seine Öffnung : war sie auch herzkrank ? (Ich war zwar erst neu eingezogen; aber ich bin dann bei solchen Gelegenheiten sehr direkt – warum auch nicht ? Das Leben ist ja so kurz !).

»Wir können beide nicht schlafen.« stellte ich also pyjamaleis fest (und grammatisch-raffiniert : Wir ! Beide ! : wenn *das* nicht suggestiv wirkt ? !). Sie war aber auch stark; sie neigte kurz den Kopf, und beschäftigte sich dann weiter mit dem Mond, der, abgewetzt, über dem alten Friedhof steckte. Leider waren dort im Osten auch einige Morgenwolken, strichdünn (obwohl mir zu undulatorisch; gerade sind reinlicher). »Die Wolke gefällt mir !« entschied sie mit kühnem Unterkiefer.

Darf man bei einer so jungen Bekanntschaft schon widersprechen ? Ich beschloß ‹Nein›; und wurde glücklicherweise jeder Antwort überhoben durch den Pfiff der Eisenbahn vom Ostbahnhof her : so heult ein Tiergeist auf seiner Wanderung vom Allein zum Allein ! Er stöhnte fleißig und kalt, wie diese Fremdstimmen im Schornstein (man hört das manchmal in unserem Haus : ist dergleichen eigentlich vom Architekten berechnet, oder purer Zufall ? Ein kluger Hauswirt könnte inserieren : ‹Besonders romantisches Ofengeheul : 5 Mark Miete mehr !› – aber so klug *ist* gottlob noch kein Hauswirt !). Noch einmal schwebte der Ebenholzdiskus des Pfiffes heran, bald Kante, bald Scheibe (während es unter ihm mit schwarzer gesenkter Stirn durch die Wälder in Richtung Aschaffenburg stürmen mochte. Blind).

»Ich finde den Gedanken an den Tod viel tröstlicher, als den an ein ewiges Leben« sagte ich; und sie nickte, zutiefst überzeugt : wenn man zweimal Krieg mitgemacht hat, plus Flüchtling, plus Inflation – – der lange Mund glitt ihr verächtlich im Gesicht herum : Nee ! Ewiges Leben ist nichts für Jahrgang firrzn.

Der Mond ? : Der Himmelsstaub um ihn war inzwischen schon leicht rosig geworden; er also farbenlehrengetreu ein fades Weißgrün – ich wandte mich ab, im umgekehrten Uhrzeigersinne linksum, und holte als Beleg die Münze :

»Nein ! Ein Goldstück !« : ein Solidus Kaiser Justinians (527–65; der Onkel konnte den eigenen Namen nicht schreiben : er unterzeichnete mit Hilfe einer Schablone, und man mußte ihm *noch* die Hand dabei führen : ‹Obrigkeit› !). Woher ich ihn hatte ? : Vom Großvater, zur Konfirmation. Sie lehnte sich mit interessiert geöffneten Augen weiter vor, und unsere Gesichter schwebten hoch über der entleerten Straße (: ‹Einander›).

»Mein Großvater war Sammler. Begeistert, leidenschaftlich, ruchlos, wie solche Menschensorte ist. Arzt in Fiume, 1860. Eines windigen und kühlen Abends klopft es an seine Tür : ein breitgewachsener Fremder geht ächzend herein, die Hand auf dem Magen. ‹Was steht zu Diensten ?›. Und der Ratlose bekennt : er sei nach langer Orientreise glücklich bis Griechenland gekommen; sein Schatz an gesammelten antiken Goldmünzen durch den scharfen Zoll gefährdet : er verschluckte im Hafen von Hagion Oros zwanzig seiner rarsten Stücke. Seitdem sei er drei Tage, auch nachts, ohne Aufenthalt gereist; aber die Schmerzen überwältigten ihn : Hilfe ! ! – Mein Großvater, selbst Numismatiker hohen Grades, betastete fachmännisch-tückisch murmelnd und gierigen Auges den Magen des Geängsteten – noch ein abscheulicher Griff ! – dann unerbittlich : ohne Operation sei der Tod binnen dreier Stunden unvermeidlich ! Der Franzose verdrehte die Augen. Mein Großvater gab das gigantische Abführmittel für eine mitleidige Morphiumspritze aus, und wetzte dekorativ Messer um Messer – zur ‹Operation› ! Fragte auch beiläufig, ob unter den antiken Münzen solche des byzantinischen Kaiserreiches befindlich ? Der Reisende, entsetzt zwischen todweißen Laken und drohenden Metallzungen ging auf jede Bedingung ein : nach gelungener ‹Operation› sollte mein Großvater zehn der raren Stücke wählen können. «

Langsames Nachbarinnengelächter, aus abgerundeten Schultern heraus, während sie sich die Situation nach und nach illustrierte. Noch ein Blick zum Mondgroschen : »Ja und ?«.

»Mein Großvater gab dem Fremden noch eine Tasse Opium ein; entleerte ihm während des anschließenden Betäubungsschlafes den Magen-Darmtrakt, und wählte beglückt in dem Gemünz herum – noch war *die* Möglichkeit, dem Reisenden eine Ader zu öffnen, und ihn ‹während der Operation› verscheiden zu lassen : zwanzig seltene Stücke ? ! Mein Großvater kämpfte lange und schwer; endlich siegte ein unvermuteter Rest Menschlichkeit; er ließ den Fremden erwachen, und teilte den Raub mit ihm. – *Ein* Stück allerdings behielt er sich vorab : eine Münze der Thrakerstadt Bizye, ein Unikum : Artemis in archaisch-steifer Manier, eine Fackel in der Hand, vor ihr der Hirsch. – Der Fremde, des ewigen Verlustes wohl gewahr, lud ihn bei der Abreise unter Verwünschungen vor das Gericht Gottes – aber daran glauben Sammler nicht. Nutzlos.«

»Und von diesem Großvater haben Sie ̀das Goldstück geerbt ?«. Nicht geerbt; zur Konfirmation. »Und die Artemis-Münze ?«. Hat niemand wieder gesehen; wahrscheinlich nahm er sie mit ins Grab. Ja. Sammler.

Ja. Wir verglichen den sinkenden Mond noch kurz mit seiner Eierschale; einem Baseball aus Ziegenleder; einer Aspirintablette. Wir lehnten von da ab ziemlich regelmäßig in unseren Fenstern; erzählten uns schlaff voneinander; und warteten weiter auf den Tod.

LUSTIG IST DAS ZIGEUNERLEBEN

»Zwischen Geburt und Grab gibt es nur zwei Arten von Glückseligkeit, wozu der Mensch fähig ist : die eines Gewissens, welches kein Ärgernis gibt; und die eines Gewissens, welches kein Ärgernis nimmt !«

Er unterbrach sich, tat einen geschmeidigen Satz in die winzige Manege, und überreichte der Seiltänzerin der Truppe den bereitgehaltenen billigen Blumenstrauß; sein rot und schwarz geflammtes Kleid unterbaute eindrucksvoll das alte kühne Gesicht; er riß ein paar volkstümliche Kalauer, kündete die nächste Nummer an, und trat gelassen wieder zu uns; die schwarzen Augenkerne glitten ihm rastlos im Gesicht herum, und ließen nichts aus : die Ringsumsilhouette der kleinen Stadt, die Klexographien der Bäume, das spießbürgerlich angeregte Publikum. Heute weiß ich, daß er ein Weiser und Misanthrop gewesen sein muß, der ein ruchloses Vergnügen daran fand, uns Kinder zu verwirren. Also erzählte er weiter von seiner Jugend unter Zigeunern :

»Ich blieb bei diesem sehr besonderen und wunderbaren Volk beinahe drei Jahre, und wurde in all ihre Bosheiten eingeweiht. Keine Fesseln konnten sie fest halten; keine Gefängnisse sie einsperren; weder Riegel noch Schlösser sicherten den Schatz des Begüterten vor ihnen. Durch Speisen oder Gerüche waren ihnen die Tiere unterwürfig : das wildeste Pferd mußte vor ihnen stehen; der grimmigste Bullenbeißer durfte sie nicht anbellen; alle Höfe, Gärten und Bleichplätze waren ihnen so offen, wie die freie Straße. Sie nahmen alle Gestalten und beinahe alle Größen an; sie wurden nach Belieben sichtbar und unsichtbar; für jede Verkleidung hatten sie ein verschiedenes Gesicht, so daß selbst ihre täglichen Gesellschafter sie nicht anders als durch verabredete Worte und Zeichen erkennen konnten. Auf solche Art regierten sie ohne Gewalttätigkeit oder erkennbaren Betrug, ohne Getümmel, Anklage oder Beschuldigung.«

Sein Blick strich einmal geschwind über uns Halbwüchsige hin, die wir gebannt seinen gesetzlosen Worten lauschten : er sprach fließender als unser alter stöckelbeiniger Lehrer.

»Gleichwohl« – er redete gelassen wie das Schicksal persönlich – »wurde zu meiner Zeit Einer ertappt, der eben einen braunroten jungen Hengst stahl. Man legte ihn in Eisen und bewachte ihn scharf.«

(Cornelia, die Tänzerin, hob hier das Bein fast wagerecht, und lenkte unsere Instinkte nicht unbeträchtlich ab; er duldete es einen verständnisvollen Augenblick lang, und fuhr dann zwingend fort) :

»Zuerst versuchten wir die Wache wegzuschrecken. Ein großer zusammengepappter Sarg wurde mit weißem Tuch bedeckt, und von vier feurigen Teufeln auf die Schultern genommen; Fackeln wurden angezündet, und in die rechte Hand genommen. Schallende Trompeten nebst anderen Instrumenten von durchdringendem Klang wurden an Vieler Mund gesetzt, und wir gingen mit unserem teuflischen Zuge los. Einige brüllten wie die Bullen, andere heulten und bellten als Hunde gegen den mitternächtlichen Mond : kurz, wir machten ein solches zusammengesetztes Grauen, daß kein Menschenohr es ertragen konnte. Leider befanden sich unter den Wachposten ein guter Katholik und ein entschlossener Atheist, die unverzüglich auf uns loskrochen : wir tunkten also unsere Fackeln auf ein gegebenes Wort in den Teich, und sogleich wurde es überall wieder Nacht.«

(Wir stahlen in Gedanken den fetten Braunen des Ackerbürgers Weiner, wurden zwischen schwarzen weichen Wänden eingesperrt, und erwarteten hoffnungsvoll das Urteil : das Unrecht *mußte ja* siegen, wie ? !)

»Am Gerichtstage wurde der Dieb ohne weiteres für schuldig befunden; und die Geschworenen standen schon auf, als der Unglückliche noch einmal ums Wort bat. Unschuldig bin ich, wie ein Kind, rief er; und : man führe doch nur einmal das Pferd vor ! Der Richter willfahrte, und die Zeugen schwuren noch einmal in Gegenwart des Rosses, daß es eben der dreijährige Hengst sei, der ihnen fehle. Der Dieb bat, das Maul des Tieres von erfahrenen Fachleuten untersuchen zu lassen; sogleich traten drei oder vier bewährte Roßtäuscher herzu – die sofort stutzten, und im Chor ausriefen : aber das Pferd ist mindestens fünfzehn Jahre; es hat gar keine Merkmale mehr im Maul ! Noch kläglicher begann der Missetäter wieder : könnten die Herren vielleicht noch nachsehen, ob dies Pferd überhaupt ein Hengst ist ? Es wurde unverzüglich ausgerichtet, und die Sachverständigen schrien einstimmig : eine Stute, Herr Richter, eine Stute ! Die Geschworenen sahen bestürzt zu Boden; die Zeugen schlichen sich in Scham und Verwirrung hinweg; und der Richter befahl unwillig, daß der Gefangene sogleich entlassen werde, und ihm die fragliche Stute als sein Eigentum mitgegeben werden sollte.«

Er sah uns triumphierend, wir ihn stumpf erwartungsvoll an, bereit an jede Art Zauberei zu glauben. Er fuhr mitleidig fort :

»Das Geheimnis war, daß einige unserer Brüderschaft sich ein anderes Tier fingen; man zog Scheren und andere Werkzeuge nebst Gläsern mit färbenden Essenzen hervor; zwanzig Hände fingen gleichzeitig an zu arbeiten – und in weniger denn fünf Minuten würde selbst der Eigentümer sein Pferd nicht mehr wiedererkannt haben. In der Nacht vor der Verurteilung erbrachen wir lautlos den Stall, und führten statt des Hengstes die ihm vollkommen ähnlich gemachte Stute hinein. «

Wir nickten, völlig überzeugt; die Musik tat den abschließenden Bums; wir liefen gebückt durch die holprigen Gäßchen nach Hause, und erbrachen in Gedanken manche Tür.

DIE VORSICHTIGEN

Ans Fenster treten : die Straßen zogen öde hierhin und dorthin. Auf den ausgefrorenen Hof trat ein beschürzter Mensch und schrie »Asche ! Asche !«.

Ich war eben mit meiner täglichen Arbeit fertig geworden – Gott, was heißt schon Arbeit ? : ich krieg' Schwerbeschädigtenrente, und beschäftige mich halt. Ich lege eine Riesenkartei an, von zwei- bis dreihunderttausend winzigen Zettelchen, die möglichst alle Personen umfassen soll, die jemals in dem alten Herzogtum Verden gelebt haben (ich bin aus der Gegend, aus Rotenburg; und habe – gerade jetzt, nach Süddeutschland verschlagen – besondere Lust dazu).

Also das Pensum war fertig. Auch hatte ich noch eine halbe Stunde auf der Schlafcouch gelegen : was ich dies dürre indianerrote Gestell hassen gelernt habe ! Ich hatte es damals gekauft, um meinen beiden Räumen ein fashionables Gepräge zu verleihen : der winzige wurde Zwergenküche; der andere sollte eine Art ‹Studio› vorgaukeln. Was hab' ich schon bereut, daß ich mein altes ehrliches Bett opferte ! Na ja; zu spät. – –

Ein Radfahrer in Pudelmütze, roter, trat geduckt vorbei; zwei Mädchen in schwarzen Taucheranzügen, die Hände in sämtlichen Hosentaschen, schritten schulwärts. Dann fror wieder leer der antarktische Teerstrom.

Ich stellte unerbittlich die gewohnte Überlegung an : was wäre Dir jetzt das Unangenehmste ? ! Und antwortete mir prompt : Anziehen und Spazierengehen. – Also tat ich das; den dicken Schal um; die Fausthandschuhe an : ich bin vorsichtig.

Früher waren es kleine Bahnhöfe, die mich unwiderstehlich anzogen. Da saß ich vor einem Bier im verstaubten Licht der gelben Wartesäle; das starke Gold und Rot der Salempackungen; erleuchtete Zugfenster perlten in die Nacht; die fetten und dürren Reisenden – schöne Zeit, die Jugendzeit ! Heute sind es (in Bahnhöfen zieht es so; ich bin vorsichtig !) Kaufhäuser. Da geht es auch spektralanalytisch bunt zu; Köpfe rollen vorbei; Arme drängeln; Kleiderdickicht, Mantelwälder; Hände kläffen grelle Stoffe; Augen stöbern; Münder stolpern; Bälle kauern sklavenbunt. Gewöhnlich suche ich mir dann Eine aus.

Sie schritt, klein und mager, sehr vorsichtig, durch die heute besonders billigen Kokosmatten; an Teppichrecken vorbei; (wenn Jemand sie gestreift hatte, notierte ich, klopfte sie anschließend auf ihre rechte Manteltasche. Ah, natürlich : sie kaufte einen sehr schmalen Büstenhalter, und zahlte aus dieser rechten Manteltasche : also war das Portemonnaie drin; und sie fühlte alle zehn Sekunden, ob es noch da sei. Sehr gut !).

Also nichts wie unauffällig hinterher ! Durch Rindsledernes; Kakaodünen; Stummelaugen und gaffende Zähne, Wortprothesen; Ohren knorpeln rosa; ah, die Rolltreppe ! (Ich nahm einen billigen Neudruck des ewigen ‹Struwwelpeter› zur Hand, und beobachtete weiter. (Wer wird indes *mich* beobachten, wehe ! – Und dann wieder *den* ? : ‹Wir Wachen bewachen die Wache, die die Tochter des Königs bewacht.›)).

Die Rolltreppe, feierlich mit Statuen bestellt, glitt unaufhörlich nach oben (schräg dahinter Gürtelnattern, Sockenberge). Sie wartete unauffällig; zögerte – da : jetzt waren zehn Stufen vor ihr leer – und sie betrat fest die gerillte Blechstufe. (Meint also, daß eine überbelastete Rolltreppe durchbrechen könne ? Und wartet immer erst, bis das Ding fast ohne Belastung läuft : sehr gut ! Ein sachliches, vorsichtiges Geschöpf).

Ich folgte ihr von weitem auch in den zweiten Stock, wo die Möbel ruhen; Sessel siedeln. Weibliche Lehrlinge in Schwarzkitteln schleppten pappkartonene Felsen herum. Hier entgingen wir nur mit Mühe den geierfaulen Verkäufern; also wieder hinab !

Und hinaus. Draußen gerann die Luft wie Schwarzglas; unbeweglich, und so kalt, daß man bestimmt den Kragen mit der Hand hochwalzte. Sie harrte klug und reglos am Bürgersteig – schon wieder nahte links ein greller, fauchender Blechmandrill von DKW – vorbeilassen – noch zehn Meter warten (und ich nickte befriedigt : so muß man heutzutage sein !).

Sie hatte fast denselben Heimweg, klein und mager; viel war an ihr nicht dran (aber an wem *ist* heutzutage schließlich noch was dran ? –). Ihr Einkaufsnetz fischerte unbeteiligt, wie Sachen so sind, diszipliniert neben ihr her. Ich beschloß, mich heute Abend, (allein im Kämmerlein; ich bin vorsichtig !) in Dujardin zu besaufen.

Tatsächlich : sie ging noch immer vor mir her. Gervinus-, Inselstraße. Auf dem mit Schneekrusten verzierten Bürgersteig segelte ein Männchen auf sie zu; in schwarzem Mantel, breit, mit flachem Bohèmehut : »Wo iest Nummärrr Neunundzwanzick ?«. Sie wich vergebens aus. Er fluchte flehend, mit gespreiztem Körper : »O : Woo ? !«. Und, enttäuscht : »Du niecht Profässorrr : *ich* Profässorrr !« Und floß auf mich Folgenden zu. Ich trat hoch und breit dazwischen (zwischen meine kleine Verfolgte, und den Nachkommen Rasputins – dabei kann man mich mit einem Finger umlegen !) : »Zurück !« befahl ich; »Hier Zweiundvierzig : Hast mein verstand ?«. Er besah mich weißschiefen Hauptes; er wich rechtsum zurück; im Weggehen noch hörte man ihn murren : »Bauern ! Alles Bauern ! : Essen Zwiebeln und Kartoffeln. Trinken Benzin : Oh ! : Bännziehn !«

Ich wandte mich zu dem unscheinbaren Wesen hinter mir; ich sagte : »Machen Sie sich nichts daraus. Der Mann war wahrscheinlich betrunken : Ausländer.« Sie murmelte, mitten in die Nacht hinein; ihr Kopfputz nickte; und verschwand, die Roßdörferstraße entlang (die nach Aschaffenburg führt; ich lehnte mich an die Apothekenwand, und starrte so ein bißchen : also war sie verschwunden.).

Oben : ich betrachtete voller Widerwillen die Schlafcouch : für Zwei würde sie gar nicht ausreichen ! Zog auch automatisch die Vorhänge vor; inmitten von Möbelblöcken : immer vorsichtig sein !

SELTSAME TAGE

: »Es gibt merkwürdige Tage : da geht die Sonne schon auf eine eigene Art auf; laue Wolken ziehen tief; der Wind haucht verdächtig aus allen Weltgegenden. Düsenjäger machen Hexenschlingen am Himmel; alle Gläubiger bekommen Lust ihre Außenstände einzufordern; man hört von Leuten, die plötzlich davongelaufen sind.«

An solchen Tagen tut man gut, nichts zu unternehmen – obwohl natürlich auch gerade das wieder falsch sein kann ! Wer weiß denn, ob es richtig ist, wenn man die Klingel abstellt, die Fenster verhängt, und sich auf der Couch in der Zimmerecke tot stellt ? Lesen ist gar nicht zu empfehlen : auf einmal fällt aus dem verschollenen Roman von 1800 ein Brief in uralt vergilbter Handschrift, dazu der Schattenriß eines jungen Mädchens in der Tracht der napoleonischen Kriege, und man kann nur von Glück sagen, wenn auf dem Umschlag nicht der eigene Name steht – es gibt eigentümliche Tage !

Nun, der heutige war wohl wieder einmal glücklich vorüber. Gewiß, ein Herr in schwarzem Anzug war da gewesen, und hatte mich zum Mormonismus bekehren wollen. Von einem Unbekannten war ein langer Brief aus Spanien eingetroffen – wie sich im letzten Absatz herausstellte, gar nicht an mich gerichtet. Der übliche eisgraue Stromer hatte auch geklingelt : er sei Student; und Rasierklingen angeboten, garantiert erst einmal gebraucht.

Am Telefon hatte mir eine fremde englische Frau zwischen Vorwürfen und Verabredungen diese Anekdote von ihrer Weltreise erzählt : auf der Insel Tristan da Cunha – 120 Einwohner, kein Pfarrer, kein Magistrat – hatten Zwei heiraten wollen. Da die einzige Person, die fließend lesen konnte, die Eheschließung mißbilligte, hatte sie sich diesmal geweigert, die Trauformel abzulesen. Es war nichts übrig geblieben, als den nächst Gelehrten herbeizuholen : der hatte sie dann buchstabiert ! (Was unter Analphabeten die feierliche Stimmung nur erhöht haben dürfte – aber ich muß mir das dann immer gleich so intensiv vorstellen : wie der Kerl da am Tisch steht, den Finger auf die Zeile gepreßt und visiert; bei schwierigen Stellen popelt er vor Verzweiflung.)

Nun, wie gesagt, das alles war überstanden. Selbst der kesse, rot und

blau karierte Abend war hinunter gedreht worden : einen Nachtspazier-
gang konnte man doch sicher unternehmen ? –

Im schwarzen Felsen des Nachbarhauses stand im Erdgeschoß die
erleuchtete Balkontür offen; sie schallplattelten unentwegt; Mädchen
stampften und grölten an Schlagernem, schüttelten die farbigen Locken,
und klatschten wieder in die Fußsohlen : nur schnell vorbei ! (Über den
Gehsteig her fuhr auch gleich ein Radfahrer auf mich zu, als sei meine
Stelle leer, und ich schon nicht mehr auf Erden vorhanden !).

Am Stadtrand, wo die Gaslaternen noch nicht durch Bogenlampen
ersetzt sind, war es dann fast still und einsam. Mondboje, schräg
verankert im Wolkenstrom. Katzen gingen tüchtig und selbstbewußt
unbekannten Geschäften nach. Nur einmal bremste die grüne Isetta
neben mir : 2 Polizisten stiegen sofort heraus, und verglichen mich mit
einer maschinengeschriebenen Liste. Nun ist ja jeder Mensch irgendwie
‹schuldig› (nach Schopenhauer sogar grundsätzlich hängenswert); hielt
ich also geduldig still, und einige Sachen von früher fielen mir auch ein
(nicht ‹Lustmorde›, oder so – bloß Kleinigkeiten; spielt keine Rolle).
»Linke Hand ? !« – erst als ich daran die vorschriftsmäßigen 5 Finger
hatte, schien ich für diesmal gerettet. Sie entschuldigten sich militärisch;
und ich ging an den Neubauten entlang, zurück – es war heute doch
wohl besser, umzukehren.

Um die Rasenanlagen U-förmig die haushohen Fronten; auch über
der Straße der gleiche zementene Westwall, nur noch gelbe Kleinqua-
drate darin. Die riesige Bronzeente neben mir, versuchte mir ins Gesicht
zu spucken.

Und blieb entgeistert stehen – : ganz oben in der Wand saß die blaue
Riesin ! Unbeweglich am Tisch; sie mußte mindestens 4 Meter groß
sein ! Und jetzt sah ich auch den Fensterrahmen drum herum, richtig,
denen in den unteren Stockwerken entsprechend : man sah also lediglich
in ein Zimmer : erleichtert.

(Aber das war doch unmöglich ! Ein weibliches Wesen, groß wie
. . . . . ich schloß die Augen; schüttelte blind den Kopf; wer weiß, was ich
gesehen hatte; vielleicht war sie ja weg, wenn ich . . . . .)

: Ja ! Sie war weg ! – Ruhig und grau, ohne Plakate und also fast
schön, stand die Hauswand in der Nacht. Ich hätte demnach aufatmen
können – aber was war dann mit meinem Gehirn los ? ! Gewiß,
zugegeben, ich gehöre zu den Menschen, die zur Selbstbeobachtung
neigen, und war mir schon lange verdächtig gewesen. Ich beschloß
eiligst, den Hut tiefer ins Gesicht zu ziehen (beziehungsweise in Erman-
gelung eines solchen die Stirn zu senken), und alles einfach auf den

merkwürdigen Tag zu schieben : was ich gesehen hatte, hatte ich nicht gesehen; und nun nichts wie heim ! Im Sturmschritt ! Nur einmal noch zuckte mein undiszipliniertes linkes Auge über die mächtige Tafel . . . . . ?

: Und blieb wiederum stehen, ein geschlagener Mann ! : Dort oben, wo vorhin die Gigantin gelümmelt hatte, blühte jetzt ein Steingarten. Die mattgrünen Fettpflanzen, scharfe gelbe Blumensterne, ein Plattenweg wies streng vor sich hin : auf diesen Liegestuhl ! Einsamkeit : der Vogel auf dem Wasserbecken war völlig erstarrt.

Dunkelheit wischte wie eine Hand darüber – und sofort ein neues Bild : Fräulein Riesin in einer Wasserfläche. Die starke Flüssigkeit lag eng an wie ein blaues Lendentuch; das Gesicht war ihr aufgegangen, das grobe Blondhaar saß völlig schief, ganz auf einer Seite. (Und schon wieder weg : schade !)

Also wurden oben Farbaufnahmen vorgeführt ? ! Hatten die Leinwand vors Fenster gehängt, und nicht dran gedacht ? : Da wählte ich mir behaglich den günstigeren Blickpunkt, und kreuzte zur Ausdauer die Arme über der Brust.

Städte ruckten vorbei (fast wie Hamburg, eh ?); ein Gemüsemarkt (und die roten Tomaten glänzten *so* dekorativ !). Autos an langen Straßen. Das Zelt auf der Düne : ihr bekapptes Gesicht durchs Strandhafergitter aufgenommen. So stand ich lange in der heiteren Nacht. Manchmal ging ein Pärchen vorbei, sah kichernd mit hoch, hatte aber dann doch Wichtigeres zu tun, und wandelte intensiv weiter. Einmal wurde neben der Haustür die Lampe hell : ein Angetrunkener balancierte, 2 lange Gladiolen geschultert, heraus, und schnurstracks von mir weg, auf sehr selbständigen Beinen.

Man hätte hingehen können, auf den Knopf der Haussprechanlage drücken, und ganz einfach sagen : »Sind Sie das Fräulein in Blau auf den Bildern oben ? : Dann liebe ich Sie !«. Sie würde ihrerseits das Fenster öffnen, und amüsiert heruntersehen … (Wahrscheinlicher kämen aber schon Sekunden später zwei untersetzte Männer hergesprungen, mit vielenvielen Ohrfeigen in den muskulösen Händen !). Vielleicht war es ja auch eine Frau aus fernem Land, die man doch nie sehen würde; höchstens ihre Adresse.

Vielleicht hatten die oben die Kassette mit den Diapositiven gar nur gefunden. Oder die Fotofirma hatte die Anschrift verwechselt, und sie besahen jetzt neugierig das fremde Schicksal – an solchen Tagen war ja alles möglich !

Oder eine tote Freundin, deren Andenken man sich wehmütig auffrischte – und da trat ich doch vorsichtshalber ein paar Schritte weiter

zurück; für solche Komplikationen bin ich nicht mehr jung und unemp-
findlich genug !

Ich winkte lieber mit beiden Händen ab; ging feige-entschlossen zu
mir hinauf; Mitternacht war gottlob vorüber – und morgen hoffentlich
wieder alles normal.

ROLLENDE NACHT

Selbst der kleinste Bahnhof henkerte uns mit Bogenlampen; zackige Schwerterbündel rannten an uns hoch; jedem flossen Messingsägen durchs Gesicht; so also sah ein Bundeswehrsoldat ohne Kopf aus.

Denn drüben in der Ecke schlief einer. Zuerst hatte er lange eine Illustrierte besehen : auf dem doppelseitigen Bild ging es furchtbar her ! Irgendein Vesuv stand mitten auf dem Papier und wirtschaftete erschrecklich nach allen Seiten hin. Er warf nicht nur Rapilli, sondern ganze Berge aus, und der Feuerstrom aus seinem Gipfel war wie der Ganges. Der Ort an seinem Fuß, der gerade pompejisiert wurde, hatte Kuppeln wie der Kreml von Darmstadt. Aus dem Fenster jedes Wohnhauses starrten ein Paar zum Himmel gestreckter Arme hervor; aber die Unterschrift konnte ich nicht entziffern, da sie so sehr Kopf stand. Wahrscheinlich hatte ein linientreuer Pressezeichner sich keinen andern Rat mehr gewußt, die Sowjetunion zu erledigen; einmal war mirs, als könnte ich ‹Kljutschefskoj› lesen. (‹Dollar› ist ja noch zahm; das kommt von ‹Taler›. Aber ‹Rubel› ? : der erste wurde von einer runden Silberstange mit dem Beil abgehauen; denn ‹rubjit› heißt abhacken : Wer kann wider Gott und Nowgorod ?).

Es sauste unaufhörlich. Wieder machte es uns gestreifte Rümpfe. Ehernes Gestänge tummelte sich insektig vorbei. Der Mann mit der Lederjacke gegenüber bewegte demonstrierend den Arm in der Schlinge, und erklärte ihn :

Er hatte schon 164 Kirchen mit goldenen Kreuzen versehen. Sechsmal war er dabei vom Dache gefallen; einmal hatte er sich ‹unterwegs› mit Händen und Zähnen festhalten wollen, dabei aber 3 Schneidezähne eingebüßt, die im Blei der Dachrinne stecken blieben. Das Letztemal war ihm der rechte Unterarm zerbrochen; er hätte jedoch inzwischen mit der Linken bereits wieder 4 Kreuze vergoldet, und Bestellungen auf weitere 10 : das ist unvermeidlich heutzutage, daß man in solch endlosen Schnellzugnächten das Selbstbiogramm der meisten Mitreisenden zu hören bekommt. (Und belastend ist es auch; zumal, wenn man einen Überschuß an Fantasie besitzt, und sich dann anschließend tagelang mit all den Schicksalen auseinandersetzen muß !).

Wie spät ? Die Frage der alten Dame (die aber eine leichtfertigviolette Kopfbedeckung trug, für die ich keinen Namen wußte) ergab eine schlaffe Diskussion über den Wert zweier Uhren, von denen die eine eine Viertelstunde vor, die andere ebensoviel nach ging : wenn sie immer beisammen wären, wär's kein Problem, das bißchen arithmetische Mittel.

Und die Dame war aus dem Osten; hatte an der Oder ein Häuschen besessen (wie die meisten Flüchtlinge; ganz selten hört man von Einem, daß er zur Miete gewohnt habe); und erzählte länger von Schlesien und seinem uralt-deutschen Boden, als ihr nach den ungeschriebenen Gesetzen einer Schnellzugnacht zukam. Also unterbrach ich sie, als sie zum zweitenmal den ‹Breslauer Ring› beschreiben wollte, mit der Frage nach der Provenienz dieses Wortes. »Nu, Ring, Ring« sagte sie ungnädig, und zeichnete einen mit dem Finger vor ihre seidengrau überspannte Brust : »Der Platz eben; ums Rathaus rum.« »So viel ich weiß, kommt das aber vom polnischen ‹Rynek›« wandte ich verbindlich ein : »das heißt nämlich ‹Markt›«.

Sie setzte die Zähne aufeinander und atmete schwer aus; es klang wie »Du Kabire !«. »Selbst wenn – was ich bezweifle – es so sein *sollte*« sagte sie giftig : »wäre es bei der augenblicklichen politischen Lage völlig unangebracht, das zu wissen.« »Sehr richtig !« versetzte prompt ein so furchtbarer Baß, daß ich vorsichtshalber die Abteiltür ein Stückchen aufschob. Auch für den Rest der Fahrt zu schweigen beschloß; einsam wie ein Kätzchen im leeren Waschkessel, mit dem Deckel drauf. Aber sie rettete mich selbst, als ihr Blick zufällig aus dem Fenster fiel : »Also wie ein Feenpalast !«. Die Fabrik war nämlich schon jetzt, um halb Sechs, über und über erleuchtet, sah aus ihrer ernsten Front hundertäugig in die Winternacht, und ich dachte – dachte : ich mußte ja vorsichtig sein ! – wie es wohl in einem Kopf aussehen möge, dem beim Anblick eines Textilwerkes das Wort ‹Feenpalast› entfiel : so eine darf nun auch wählen !

»Altenbeken !«. Sämtliche D-Züge hatten hier zehn Minuten Aufenthalt; denn es war einer jener raren Riesenbahnhöfe ohne Ort, wo sich diverse Hauptlinien kreuzen. Wie seinerzeit Kohlfurt bei Görlitz : an solchen merkwürdigen Plätzen hatte ich als Kind immer erwartet, irgend ein technoides Wunder zu sehen, einen fliegenden Menschen, oder einen versteinerten, oder so etwas. Ich entschloß mich, auf den Bahnsteig zu gehen; Füße etwas vertreten, und die Feindschaft im Abteil abklingen lassen.

Der flache Steindamm draußen war bereit, grau und grobfasrig. (Ob man in dem matt erleuchteten Bauwerkchen hinten wohl schon einen Kognak kriegte ? Wohl kaum. Und nachher war's bloß der Raum des Fahrdienstleiters.)

»Ach, entschuldigen Sie –« das war der schlanke Herr, der die ganze Zeit, zart und verlebt, neben mir gesessen hatte : »Sie sind Slawist ? – Ä-Studienratdoktor Zeller mein Name : Englisch, Französisch.« Um nachher wenigstens einen Verbündeten drinnen zu haben, erhöhte ich mich feige selbst, graduierte und nobilitierte : »Doktor von Ende.« Er nickte müde und zufrieden; und wir besahen zusammen eine zeitlang den mageren Mond, der sich im weißgestrickten Gewölk eins fror. »Könnten Sie mal bei Walter Scott, im Original, nachsehen«, fiel mir als weitere Bestechung für ihn ein : »Da kommt im ‹Herzen von Midlothian› das Phänomen vor, daß ‹der volle Mond breit im Nordwesten› aufsteigt.« Er hatte mir lässig das verbrauchte Halbprofil hingehalten, und fragte jetzt vornehm erschöpft : »Warum ? Gibt's das nicht ?« (Man ist also doch letzten Endes allein !). »Nein,« sagte ich bitter; und wir erklommen vorsichtshalber wieder das Trittbrett, obwohl noch ein paar Minuten Zeit gewesen wäre.

Gegen Morgen wurde unsere Fahrt reißender. Kiefernkrüppel tauchten aus weißen Mooren; Pfützen rannten auf Schlangenwegen vorbei; viele leere Birken schwebten hinten durch die Haide. Am Kreuzweg hielt ein Fremder mit beiden Handschuhen sein starres Rad. Reifige Plankenzäune galoppierten noch einmal ein Stück mit. Dann riefen die Wälder wieder Amok über uns.

WAS SOLL ICH TUN ?

Lesen ist schrecklich !

Wenn ich vom Helden höre, daß er sich zum Denken anschickt : ». . . er runzelte die Stirn, und preßte streng die Lippen aufeinander . . . .« – schon fühle ich, wie sich mein Gesicht, vorn, zu der gleichen pensiven Grimasse verformt ! Oder : ». . . . ein hochmütiges Lächeln spielte um seinen rechten Mundwinkel . . . .« – mein Gott, muß ich dabei albern aussehen; denn ich kann nun einmal nicht unsagbar hochmütig lächeln, und schon gar nicht mit dem rechten Mundwinkel für sich; das ist auch so eine Gabe, die mir das Schicksal versagt hat.

Das muß Vielen so gehen ! Morgens, in der Straßenbahn sieht man deutlich die Verheerungen, die die Schriftsteller unter uns anrichten; wie sie uns ihre Gedankengänge, die verruchtesten Gebärden, aufzwingen. Gestern hob der junge Mensch mir gegenüber – er ist Student an der Technischen Hochschule, und las einen mir übrigens unbekannten ‹Tennessee Williams› (so hießen in meiner Jugend allenfalls die exotischen Verbrechertypen, ‹Alaska-Jim› und ‹Palisaden-Emil› !) – also der hob den Kopf, und besah mich mit so unverhüllter Mordgier, daß ich mir davor bebend den Hut tiefer in die Stirn zog; auch eine Station früher ausstieg (beinah wär ich zu spät ins Geschäft gekommen. Wahrscheinlich hatte er mich langsam von unten herauf in Scheiben geschnitten; oder in einen Sack gebunden, und mich von tobsüchtigen Irren mit Bleischuhen zertanzen lassen !).

Oh, der Zeitungsroman, der Zeitungsroman ! Neulich stand mitten im Text die nichtswürdige Wendung : ». . . . er wandte den Kopf, langsam, wie Löwen pflegen . . . .« – am nächsten Morgen machte die Hälfte der Mitfahrer den Eindruck, als hätte sie Genickstarre; sie blinzelten und schnarchten verächtlich verzögert. Auch mit den jungen Mädchen war an dem Tage nicht auszukommen; sie schienen alle die Taschentücher vergessen zu haben, und bestarrten uns Männer aufs unverschämteste. Erst später erfuhr ich, daß es im Konkurrenzblatt geheißen hatte : ». . . . . sie rotzte frech . . . .«.

Von Kind auf habe ich darunter gelitten ! Während der Lehrzeit bei Henschel & Cie. las ich einmal, wie ein junger Mann seinen Chef durch hohe Freimütigkeit derart gewann, daß er ihn später zum Teilhaber erkor – : am nächsten Tage wäre ich beinah geflogen !

Meine zweite Freundin – solche Figur hat heut Keine mehr ! – habe ich dadurch verloren. Sie las – völlig richtig ! – in den entscheidenden Tagen Heinses schwülen ‹Ardinghello›; während Satan mir die ‹Mittlere Sammlung der Reden Gotamo Buddos› in die Narrenhände gespielt hatte : folglich versuchte ich soeben, meine Ration auf das dort vorgeschriebene eine Reiskorn pro Tag herabzustimmen (beziehungsweise dem landesüblicheren Magnum Bonum), und hoffte vermittels solcher Diät binnen kurzem die gebührenfreie Überwindung von Raum und Zeit zu erlangen. Hatte auch den Kopf voller Wendungen à la »... einsam, wie das Nashorn wandelt ....« und versuchte ihre Bluse erstorbenen Willens zu besehen – ich kann mich selbst nicht mehr achten, wenn ich an jene Tage denke !

Dabei laboriere ich auch heute noch an den gleichen Problemen. Ich muß zwangsläufig und verstohlen die Lektüre meiner Frau kontrollieren, nur um zu wissen, was sie denkt. Ich tue das regelmäßig, seitdem sie einmal acht Tage lang so kalt und haßvoll tat, daß selbst ich Scheidungsgedanken erwog – bis ich herausfand, daß in ihrer Fortsetzungsgeschichte der Held soeben die Heldin betrogen hatte, und allerlei Haß und Wut stattfand. Ich habe schon versucht (heimlich, versteht sich !) sie zu lenken : indem ich ihr üppige Lektüre unterschob; es gibt ja Autoren, die einen Hautana mit Inhalt dergestalt zu beschreiben verstehen, daß selbst graubärtige Prokuristen toll werden. (Aber damit muß man auch vorsichtig sein, daß man nicht überdosiert; ich bin nicht mehr der Jüngste !). (Meinem Hauswirt müßte ich einmal eine Geschichte von edelmütigen Gläubigern in den Briefkasten schieben).

Diese Brüder – die Dichter – machen letzten Endes mit Einem, was sie wollen; sei es, daß sie Einem die segensreichen Folgen des regelmäßigen Genusses von Sanella vorgaukeln; sei es, daß man nur noch in ihren Formeln, Wortfügungen, Redensarten stottern kann. Ich habe eine Sommerreise verschoben, nur weil ich vorher die genial-scheußliche Schilderung eines Eisenbahnunglücks gelesen hatte. Andererseits bin ich in die Emsmoore gefahren – meingott, was für ein Land ! : mit den Bewohnern kann man sich nur durch Zeichen verständigen; nie werden die Füße trocken; und der Regen, der regnet jeglichen Tag – und nur, weil ein Dichter Liebesszenen dort lokalisiert hatte; Liebesszenen ! : angeblich floß die Luft dort grundsätzlich heiß, wie flüssiges Glas; und die Mädchen nahmen freiwillig Stellungen ein, wie man sie sonst nur aus Tausendundeinernacht kennt – – : *ich will nicht mehr lesen ! !*

Eigenen Gedanken soll ich mich überlassen ? Davor möge mich Gott bewahren ! : meist habe ich gar keine; und wenn wirklich, dann sind die auch nicht erste Qualität. Ich habe ja alles versucht; ich bin wissenschaftlich geworden; ich habe mir eine ganze Sammlung von Werken über den Mars angelegt, ausgesprochene Autoritäten, von Schröter über Schiaparelli bis Antoniadi und Graff : wenn ich dann im Geist über den rostroten Wüstenboden von Thyle I oder II wanderte, und in flechtenüberkrustete Felslabyrinthe einbog – bummelte nicht um die nächste Ecke schon Frau Hiller, einsam und listig ? (Oder, noch schlimmer, die verdorbene Kleine vom Drogisten an der Ecke !). Geschichtliche Werke ? : ich habe mich gewissenhaft in das Zeitalter Cromwells vertieft; und unverzüglich die Kollegen durch ein trotziges und verwildertes Benehmen überrascht; tat seltsame Schwüre : »Bei Gott und dem Covenant !«; unserm Einkäufer schlug ich vor, seinen Sohn zu taufen 'Obadja-bind-their-kings-in-chains-and-their-nobles-with-links-of-iron'.

Schlafbücher müßte es geben : von zähflüssigstem Stil, mit schwer zu kauenden Worten, fingerlangen, die sich am Ende in unverständliches Silbenkringel aufdrieseln; Konsonantennarreteien (oder höchstens mal ein dunkler Vokal auf ‹u›) : Bücher *gegen* Gedanken.

Was soll ich bloß tun ? !

RIVALEN

1. Das weiß ich noch : ich sammelte Kartoffelblüten im Traum, und drückte die blaßblaue Armfülle zufrieden an mich; auf schmierigem Acker. Der Rundhorizont war grauleinen; wie aus Rauch gepustet erschien darauf die Gestalt eines uralt-verhaßten Schulkameraden : ich schlug gleich hoch herunter auf ihn ein, hinein in einen Baum mit ihm, weg ! (Der kaute noch lange an dem Pythonbissen; aber verdaute ihn; und stand wieder mittelfest). (Dann austreten gehen, mit den üblichen peinlich-bürgerlichen Traumhindernissen; bis ich erwachte, und es rasch tat).

2. Wieder im Bett (ein leeres neben mir) : Wuddnbaaba : Wuddn-baaba ging eine ferne Kirchenglocke : *das* konnte natürlich eine ganz große Gefahr sein ! Ich hatte sie schon seit vorgestern beobachtet : daß sie fast genau dieselben Wege ging, wie ich. Einmal sogar mit Klein-staffelei und Aquarellkasten : das war etwas, was ich immer nur schlecht gekonnt hatte (obwohl es natürlich dem Schriftsteller eine unschätzbare Hilfe ist, die Farbwerte zu fixieren ! Wie oft hatte ich über'm Manuskript gebrütet, in angreifendster Versenkung : an diese eine ganz bestimmte Gewitterbeleuchtung ..... ? !). Die Wasserleitung in der Wand, Gast-hauswand, begann zu gurgeln, wie ein Ertrinkender, schlingend und wasserspeiend, kolkte und rülpste – wahrscheinlich stand Langmichel Grinsemaul auf, der Wirt (der natürlich irgendwie anders hieß; ich weiß auch genau, wie; will aber nicht). Wenn sie eine junge Dichterin war, dann war ich geliefert : die Biester machen alles mit Genialität ! (D.h. ich hatte das früher auch gekonnt. Aber jetzt bin ich 45 und arbeite langsamer, mit Chroniken und Archiven; wenn ich 3 Jahre lang alle guten Formulierungen, die mir noch einfallen, geizig horte, wird's ein ganz ordentliches Buch; also so ein Bonbon am Stock bin ich ja auch noch nicht !). Und die Konkurrenz unschädlich zu machen, gab es diverse Mittel; erprobte und unerprobte : avanti !

3. In der Wirtshausstube; beim Frühstück (7 Mark 50 pro Tag, für 1 Zimmer mit 2 Betten, Essen und Übernachten, war nicht zu teuer. Zumal sich die Wirtin, pausbackig rundherum, wirklich Mühe mit Mahlzeiten gab : »Kann ich mal das Gästebuch haben, Frau Schnabel ?«). Ah : hier ! (Und welche Handschrift gleich wieder : also wenn *das* nicht

hypergenial ist !). ‹Petra›, ja, das konnte man noch lesen. Aber schon der
Familienname : war das nun ‹Vandling› oder ‹van der Longen› ? (Und in
der Spalte ‹Beruf› lungerte solch ein Schnörkel, daß ich ihn nur lange
und giftig besehen konnte !).

4. Schon erschien sie, in irgendeinem Kleid. Saß in der Ecke nieder,
bei der Tür, in künstlicher Dämmerung; den Riemen des Fotoapparates
zwischen den Brüsten – nein : nahm ihn ab und lutschte am weich-
gekochten Morgenei. (Ein kohlschwarzes Kätzchen stakte hochbeinig
heran : zu ihr, zu ihr. Erhielt auch sein Wurstpellchen; ihre Hand
schmeichelte abwesend in Schwarzem – machte sie nicht eben eine Art
Notiz ? !). Da ging ich hinauf, und nahm vom (ärztlich verbotenen)
Asbach; (verdünnt mit Korn).

5. Schloßhof : saß sie nicht schon wieder vor der Südfront ? ! Ich
machte stur meine notwendigen Aufnahmen; immer mit ihr, immer mit
ihr (vielleicht konnte man auch *das* noch als Episode mit in den Roman
hineinbringen ?). Der Wind machte dem Schloßteich Krähenfüße. Und
sie stand auf.

6. Heimlich vor ihrer Staffelei : ? : na, nichts Besonderes. Eben so
ein Aquarell. Ganz alte Schule (wahrscheinlich hatte sie bei ihrem Vater
gelernt ? Noch sah man die vorschriftsmäßig-quergestreifte Untermal-
lung; Stein blieb bei ihr Stein, oder präziser Klamotte. Und die Wolken
wie Kohlköpfe). / Natürlich; an die Wand hängen könnte man sich's
schon. Dennoch. / Ich ging zum Kastellan. Ich offerierte ihm die flache
Schachtel Brasil. Das Fünfmarkstück. Und, mitten in's Halbprofil geflü-
stert : »Falls Sie der jungen Dame nachher falsche Daten sagen sollten ? –
Irren ist menschlich – Und auf plus minus 10 Jahre kommt's doch
wirklich nicht an : ? – : !«. Er nahm's; und ich betrachtete draußen den
hellblauen Mädchenrücken, der sich sorglich über's Büttenblatt
krümmte : Du wirst Dich später nicht schlecht über meine Kritik
wundern !

7. Mittagessen : es war noch nicht so weit. Nahm sie also den
Fotoapparat ab (auf die Bank daneben); und ging mit der Wirtin hinter's
Haus, die Haidschnucken füttern, ‹Willstu nicht das Lämmlein hüten ?›.
Ein Wirtshaus voller Standuhrticken, gelber Mittagslichter, und böser-
meiner Gedanken. Ich erhob mich vorsichtig : zum Fenster : ? Distanz
200 Meter ? : Also nahm ich ihren Fotoapparat, öffnete ihn blitzschnell
hinten (da waren sämtliche Aufnahmen futschicato !); und stellte wieder
listig auf 11; primum vivere.

8. Die Hohlkeule seiner Hand : Langmichel Grinsemaul fläzte mir
das Diner auf den Tisch (ich spaltete ihm in Gedanken den Kopf, sodaß

97

ihm die Hälften auf beiden Schultern lagen : ? – Aber er gewann auch dadurch nicht; fügte ich ihm also den Kopf wieder zusammen. Nur gut, daß die runde Wirtin regierte). / Sie erhielt denselben Blumenkohl. Gaffte an das Holz der Theke. Sonnenpolygone lagen überall. Sah mich an, eine unschuldige gelbe Kartoffel auf der Gabel, umgeben von schwarzem Mundrahmen. (Ich blickte in das strähnig-trotzige Mädchengesicht – und war scheinbar nicht mehr als ein Möbel für die Junge. Trotz meines gelb-rot-karierten Schickhemdes : Bäh !).

9. Die Sonne verschwand. Wind sprang umher. Einmal brummte der Triebwagen nach Celle vorbei. Ich war zwar müde, mußte aber Material für mein verwünschtes Buch sammeln : Beleuchtungen, Gegenstände, idiomatische Wendungen, Herr mach uns frei.

10. Also raus. : Saß das Geschöpf nicht schon wieder im Freien ? ! Saß. Bummelte düster vor mir her. Sperrte Weg und Fabel. Riß ein Blatt vom wilden Wein und kaute daran; warf's weg und fummelte am Schuhband (groß war sie, meinetwegen, aber dürr). / Als sie im Schloß-hof raffiniert-sinnlos eine Diagonale abschritt, hielt ich's nicht länger aus ! :

11. »Sagen Sie : sind Sie etwa auch Schriftstellerin ?« (‹rin› : als ob ich eine wäre !). Verstört : »Nein : Malerin.« Sogleich sah ich sie wohlwollender an : ?

12. Ihr Geständnis : »Ich hab meinen ersten Auftrag. Von der Naturforschenden Gesellschaft in Bremen : 20 Aquarelle über Schloß-amtshausundumgebung.« Nach einer windigen Pause; im Ringelreihen von Licht und Schatten : »50 Mark für jedes Blatt; 1000 im Ganzen.« Die kartoffelblütenblaue Bluse flatterte; sie schlug die Hand vor die junge Stirn : »Wie soll ich bloß 20 Themen zusammen kriegen ? : ‹Das Schloß von Norden her gesehen.› Von Westen : von Nordwesten ? : ?«. Durchs aschblonde Strähnengitter (so blies es der Wind hin und her); verzwei-felt : »Es ist doch mein erster *Auf*trag !« (und der Vater war Oberbaurat in Rotenburg). / Ich nahm die Flatternde beim Oberarm; ich berichtete ihr nachsichtig vom Schloß. Gab ihr 30 Themen für Historienmalerei aus dem Stegreif an. Sie zitterte und vergaß vor Entzücken einen Vor-wurf nach dem anderen : Jansen und Massenbach; Schröter und Hard-ling; Nanne und Blumenhagen. (Wozu hab' ich schließlich monatelang in Archiven gesessen ?).

13. Oh Du mein Abendbrot : sie saß fiebernd neben mir; begierig, kein Wort zu verlieren. Und ich aß würdig vom Kartoffelsalat (orderte auch noch 2 Paar Würstchen mehr pro Kopf); mein Mund ging wie eine Mitrailleuse. Sie schluckte erlöst am Bier, nickte und wollte immer

notieren – ich hielt jedesmal die jungfräulich-knochige Hand fest : erstmal den *ganzen* Komplex erledigen; *dann* Motive suchen ! (21 Jahre war sie).

14. »Frau Wirtin ? –« : sie war eine gesalzene Frau, rund und weltkundig; auch schon gescheitert und oft überfahren. Sie lauschte hinter drallem Backenfleisch; ihre Augen gingen zwischen Petra und mir hin und her. Die Kuckucksuhr hoch über uns holte aus; sie schob den rüstigen Mund vor und nickte : einmal muß es jede Frau lernen. (Und warum nicht bei einem arbeitsamen Mann, der 4 Wochen im voraus bezahlt hat ? – Noch einmal kurze Kopfgeste : Bon.)

15. Petra in meinem Zimmer : wir schrieben und nickten uns zu. Asbach und Zigaretten. Sie atmete befreit in eine Zukunft, und legte sich dankbar zurück. Ließ auch meinen Arm herum. Und meine Hand Fug treiben. »Mm.«

16. Ihr leeres Kleid im Arm : hatte es nicht genau die Farbe des Kartoffelblütentraumes ? ! (Sie war schon ganz rosa, und lachte glück-schläfrig, als ich ihr's erzählte). Der ewig Ertrinkende in der Wasser-leitung stieß noch einmal säufern auf.

AM FERNROHR

Wenn man erst einmal über 50 ist, kann man in den frühen Nachmittagsstunden nicht mehr denken, (arbeiten, ja; das schon; das ist ein anderes); so gegen 5 dann – oder, wie es jetzt Mode ist, 17 Uhr : dabei ist es seit 30 Jahren amtlich eingeführt; was sind wir Menschen doch schwerfällig, oder, vornehmer ausgedrückt; ‹konservativ› : es ist zum Weinen ! – gegen 5 also, durch den vorhergegangenen Maschinenzustand erquickt, wird man wieder leidlich normal. (17,18,19 : *das* sind die Jahre !). (Aber auch wieder nicht : sofort muß man zum Militär; Geld hat man nie; die Angebetete heiratet grundsätzlich einen ‹reichen Alten›, wie man grollend flucht – das heißt in Wirklichkeit, einen gutsituierten jungen Mann von 28. Was hilfts, daß man Gedichte schreibt, wie Rilke und Hofmannsthal zusammengenommen – und das ist wörtlich zu nehmen; denn es handelt sich lediglich um eine Art Abschrift – : nee : also doch lieber nicht !).

Aber an Sommertagen scheint auch um 5 noch die Sonne; Straßenbäume stehen würdig in staubgrauen Perücken (und wenn ein leichter Wind geht, stoßen sie sich an, sobald man vorüber ist : »Guck mal den Dicken da«). Oder feuerrote Kinder auf Rollschuhen rudern ebenso über die Asfaltflüsse. Dann höre ich auch gern Schreibmaschinen trippeln (und denke mir die entsprechende mythologische Figur hinzu : eine überschlanke Stenotypistin; die spinnenhaft hastenden Finger vergessen wir, und setzen dafür zierliche Hufe; ein endlos durch die Stille gezogener Reißverschluß befreit sie aus kontorener Hülle; und sie trippelt davon, durch weite wirre Staubwälder, listig und züchtig den Blick über die subtile Schulter zu mir zurück – doch ! : 17 müßte man nochmal sein ! – Das heißt : jetzt muß man's eben in der Fantasie erledigen; das geht auch; vielleicht noch besser. Und dahinter doch lieber noch ein Fragezeichen; so : ?).

Im Hausflur war es dann stockstill und lau; eine Treppe hoch; und bei Eduard klingeln. Ruhig warten. Dann noch zweimal : so schnell bekam er nicht die Füße aus seinem Traumkraut los. –

: »Nanu ? !« (ich; erstaunt).

Denn es gibt ja Leute, die die Fähigkeit besitzen, beim Türeöffnen den Besucher so abwesend und befremdet-verständnislos anzusehen, daß man sich sofort niedrig vorkommt; ein Mittelding aus Hausierer und Fechtbruder; am liebsten möchte man die Hand vors Gesicht schlagen und davon stürmen, treppunter; arbeitsscheu kommt man sich vor, Bummler, Aufdringling, sarcoptes minor – oh, bloß weg ! !

Bei Eduard allerdings war es der ‹normale› Gesichtsausdruck; ich kannte ihn eigentlich nicht anders. Wir waren zusammen zur Schule gegangen : schon damals hatte er so ausgesehen. Unfähig auf mündliche Fragen zu antworten (im Schriftlichen dagegen soll der erst noch geboren werden, der ihm an Tiefsinn und Wissen gleichkam); glücklicherweise hatten die 2 ausschlaggebenden Lehrer seinen Typ erkannt, und schützten-ehrten ihn demgemäß; folglich bestanden wir das Abitur, er mit Mühe; ich mit Mühe : 18 müßte man nochmal sein.

Bibliothek unverändert; da hielt er strenge Ordnung (was aber auch letzten Endes ein Zeichen von Schwäche ist; etwa gleich dem Ordnungszwang der Hirnverletzten, die jedem Einbruch der Außenwelt durch Kalligrafie wehren müssen. Edgar Poe vergleichbar, der die schauerlichsten Geschichten mit wahrer Kupferstecherschrift zu Papier brachte : Schutzwehr gegen Orkan & Orkus !). Der Schreibtisch mit den Lieblingsbüchern umzäunt : wieder derselbe Begriff des »Hages«.

»Ah –« : dort auf dem Fensterbrett, neben seinem Stuhl, auf einem zierlichen Dreibein ein Fernrohr : »Hast Du's endlich geschafft ?«

»Ja;« murmelte er behaglich : »Meine Großtante hat mal wieder ...« (Das war seine ständige Erklärung auf fürwitzige Fragen oder Andeutungen über größere Geldeingänge. Auch Bücherkäufe – ich erinnere mich noch genau, wie er endlich die langersehnte, 32-bändige Dünndruckausgabe der ‹Encyclopaedia Britannica› von 1926 erhielt (und sie stand 2 Monate bei ihm auf dem Schreibtisch; ich fürchte, er hat während der ganzen Zeit nichts getan, als mit gefalteten Händen davor zu sitzen, und einzelne Lieblingsartikel nachzuschlagen : über das Buch Mormon; die Insel Tristan da Cunha; Horrox aus Hoole – der 1639 aus Versehen einen Venusdurchgang auf der Sonnenscheibe beobachtet hatte, und er konnte richtig *aufgeregt* werden, wenn er auf das Thema zu sprechen kam) : kurzum, er war so liebenswürdig, wie nur je einer der ‹Helden› Adalbert Stifters, ETA Hoffmanns, oder wie diese verschollenen Schmäucher alle heißen mögen; ich bin Textilkaufmann, und *kann* mir das nicht alles merken).

»40 mal 60« erklärte er das schwarz-chagrinierte Rohr (das wußte ich auch noch : 40 war die Vergrößerung, 60 der Objektivdurchmesser in Millimetern); das gleichermaßen schwarze Stativ starrte auf spitzen Aluminium-Weißfüßchen; (in Roten Gummischlappen).

»Sieh mal, da !« : ich blickte hindurch : ein leerer zementener Balkon in sengender Augustsonne; umzäunt mit Brettern; von unten her gezählt : 2 weiß, ein rot, ein weiß. In der Ecke ein Marktfrauen-schirm, hellgrün mit gelben Tupfen; ein leerer Liegestuhl; über der Brüstung hing eine Zeitung. – »Nein; Du mußt an dem Ring stellen !« – Stellte ich also an dem Ring; noch mal; (er war stark astigmatisch, und das nützte mir nichts) : »Ah !« : jetzt konnte man tatsächlich fast die einzelnen Überschriften der Leitartikel entziffern.

»Es zeigt natürlich die Jupitermonde. Mars war während seiner Opposition scharmant zu sehen. Der Mond : wundervoll ! : Du weißt, ich arbeite über Schröter«.

Zweifellos, ein schönes Stück; das Bild war heller, als das Original. Er sah in einer sorgfältig angelegten Tabelle nach, und schwenkte das Instrument gekonnt; schürzte dem breiten Mund : da !

Ein Mädchen. Ich maß erst die ‹wirkliche› Entfernung mit den Augen : schätzungsweise – na – zweihundert Meter (also in diesem Fernrohr rund 5 nur). Und es war tatsächlich frappant : da saß das dünne bunte Geschöpf, die braunen Schenkelstengel übereinander gewinkelt; der eine Finger stocherte in Buchseiten (popelte auch manchmal; à la nil humani); das Profil einer Indianerin, der Busen karg : ? (Und Eduard nickte leuchtenden Auges; also Liebe auf 200 Meter Distanz).

Gewiß; er zeigte mir noch nacheinander dieses : eine Katze auf dem Zaunpfahl des Friedhofsgärtners, weiß und grau gefleckt; einmal blickte sie mitleidig-verächtlich auf einen Dackel hinab, der, ganz hetzender Schwanzstachel, unten im Sandweg brüllte. Auf der ‹Nachtweide› einen jungen Mann, der ein Flugzeugmodell aus freier Hand startete; nur man hörte das Schnurren nicht, das den Vorgang ‹sonst› zu begleiten pflegt : sehr merkwürdig … Eine dunkelgrüne Isetta, die von einem fleißigen Pärchen geputzt wurde – jetzt gaben sie sich, hockend, einen langen Kuß …. immer noch … und ‹Er› vergoß, vergessen, inzwischen aus einer schwefelblauen Flasche das gute-teure Fensterputzmittel (: 18 !). Aber zum Schluß schwenkte Eduard doch wieder, nach einem kurzen Blick in die Tabelle, auf jenes dürre Schulmädchen zurück.

(Anscheinend war bei ihm eben die alte große französische Revolu-tion von 1789 an der Reihe : da lag der Lamartine; Carlyle, Thiers; aber auch Mercier, der unzuverlässig-fleißige Journalist; und Krapotkin benebst Louis Blanc und Aulard. Auf einem Notizzettel standen diese 2 Worte : ‹Dieskau› und ‹Suresne› : kein flacher Kopf das).

»Also sieh Dir *das* an !« – Sah ich mir also ‹das› an : rechts neben dem Schokoladenmädchen war soeben eine ‹Mutter› erschienen; man zankte – unhörbar für uns – nur die Arme gingen; in den Mundmasken bewegte sich's.

»Eltern« sagte er denkend zu mir. Und wir nickten beide : ist allerdings ein Thema !

»Eltern« : »Bei den Korjäken Nordkamtschatkas werden die unnützen Eltern flugs getötet.« / Eskimos ? : »Erstechen die kranken-schwachen Ahnherren; und reisen hurtig über den ewigen Schnee davon«. / Er brachte noch den neuesten afrikanischen Entdeckerschin-ken an : »Bei den Lobis wird kein Jüngling als vollwertig angesehen, ehe er nicht Vater oder Mutter getötet hat ! Und das hat möglichst frühzeitig zu geschehen; sobald der junge Mann einen unvorsichtigen Tadel als unbegründeten Vorwurf gegen seine Mannheit empfindet. Erst dann wird er aufs höchste von Verwandten und Bekannten geachtet; ein-schließlich der Verlobten, die nur darauf gewartet hat, um endlich seine Vollbraut zu werden. Die Freunde bringen ihm Gratulationsgaben; man tanzt entsprechend und singt« : »also diese Eltern sollen bloß vorsichtig sein !«

»Dem Zeugnis der Naturvölker nach, wäre also dieses idealisierte Eltern-Kinder-Verhältnis wesentlich nüchterner zu nehmen ?«

Er hatte längst die lederne Gesichtsmaske – borstig war sie; unra-siert-weißdornig – wieder gespannt. Das rechte Augenlid hing ihm wie paralysiert herunter; er spähte und mundspitzte feldmessern nach seiner kupfernen Drahtplastik hinüber; die Rechte gebot mir Halt, wie nur je ein Verkehrsschutzmann.

»Hoffmann, ‹Des Vetters Eckfenster›« flüsterte er : »von dem Hauff dann seine ‹Freien Stunden am Fenster› stahl.« – Pause. –

»Nein,« flüsterte er : »Nachts sind Sternbilder an ihrer Reihe. Tagsüber ...« (er verstummte und stellte wieder schärfer – : !). Ich nickte dem achtlos-grauen Rücken neidisch zu; der hatte Zeit zu so was : Voyage autour de ma chambre, und weit darüber hinaus. Mit vierzig-facher Vergrößerung.

Dann ging ich allein durch seinen schwarzgoldnen Korridor; stieß mich an einer Nähmaschine (wozu hatte der Kerl *die* wohl ? !); und stelzte dann wieder hinaus, ins Sonnenlicht : Baconberkeleylockeand-hume : wieso leben wir eigentlich so ?

GESCHICHTEN VON DER INSEL MAN

Nachts : da ist der Betonmischer vor unserem Neubau endlich still; die Anstreicher im Hausflur haben aufgehört zu pfeifen (*und* zu niesen; die Buben müssen Bronchien aus Gußeisen haben !). Die Autos auf der Heinrichstraße werden schon seltener. Und nochmals mühsam zu rasieren braucht man sich zum Spazieren im Dunkeln auch nicht.

Heute kam nun noch ein Sondergrund hinzu; meine Nachbarin, alte alleinstehende Dame, züchtige Walkürenfigur, hatte mir von Fenster zu Fenster ihr Leid gesagt : Ihre Enkelin, Studentin im ersten Semester, käme mit dem Zuge, nachts um halb Drei. Völlig fremd hier; und dazu ausgerechnet Sonnabend (wo bekanntlich alle Laster losgelassen sind. Sie wies mit dem steinern-schockierten Blick der viktorianischen Tochter nach drüben, wo's vorbeistelzte, ganz Bein, am Hinterkopf die Skalplocke, alle nackten Arme akimbo). Nein, ihre Enkelin wäre *so* ein anständiges Mädchen; Neuphilologin; und käme für 14 Tage. Sie selbst könnte ja nicht, wegen ihrem Fuß. Sie bewegte, alles ablehnend, die athletische weiße Frisur, und stöhnte wieder baßdunkler.

Darum also zog ich heut länger als sonst Schlingen um den Ostbahnhof : ich hatte mir gutmütig vorgenommen, der alten Frau eine Freude zu machen – unbeauftragt, versteht sich – und das Weibkind sicher heim zu geleiten. In Versuchung gerät man in meinem Alter nur noch mit Mühe, und erledigt den Fall dann grundsätzlich in der Fantasie – außerdem bestand dazu keinerlei Wahrscheinlichkeit, bei *der* Abstammung ! Aber sie würde Gepäck mithaben, und schon deswegen froh sein.

2 Uhr 40 : hinten-unten wurde die Juninacht schon wieder hell. Ich stellte mich nahe der Sperre auf (nahm auch ein Notizbuch zur Hand, als schriebe ich mir Züge heraus : da *muß* ich einfach unverdächtig-unbesoffen sein !). Ah : es grollte heran ! Ein greiser Schaffner schlich larvenhaft-bewußtlos in seine Holzschale; nur die glitzernde Zangenspitze ragte lauernd hervor – – : Da ! : sie versuchte, in die Hand eines Opfers zu beißen, erwischte aber nur den Pappköder, und kappte enttäuscht mit dem Stahlgebiß.

Und dann war schon die höfliche kleine Stimme neben mir : »Ohverzeihung; könnten Sie mir vielleicht . . . . ?« Ich besah mir kurz die

Fragerin : hochgeschlossen, adrett, gewiß; aber im Blondhaar doch schon ein Schwups. Und, hier, die lange Familiennase ! Aber während sie dort nur würdig hackte, zeigte sie hier an der netten Vorderfront hinunter, also eher Wegweiser : Hier; und hier. (Sehr apart !).

»Ich muß selbst durch die ‹Inselstraße›« erklärte ich frostig-solide. »wenn es Ihnen also recht ist ?«. Es war ihr recht (und das Köfferchen angenehm leicht; also waren auch kleine Umwege nicht ausgeschlossen; in ihr'm gesegneten Alter wird man ja überhaupt noch nicht müde !).

Schon nach kürzester Frist ließ ich mir einen englischen Ausdruck entschlüpfen : sie respondierte stolz, voll kleiner Gelehrsamkeit, lachte frisch über winzig-ehrsame Scherze, und kostete die fremde starke Morgenluft. »Wenn Sie sogar Keltisch mitnehmen, wird es Sie interessieren, daß ich längere Zeit auf der Insel Man gewesen bin.« Sie flammte begeistert auf, und fragte derart intensiv, daß ich sofort einen neuen Abweg einschlagen mußte. Und erzählen :

»Die Bevölkerung glaubt noch heute unentwegt an die ‹Kleinen Leute›, Feen und Kobolde. Der gilt als unvorsichtig und verdächtig, der sich mit seiner Familie abends zur Ruhe legt, ohne zuvor eine Bütte mit klarem Wasser an die Hintertür gestellt zu haben, wo ‹Die Gäste› sich baden können. – Mein Hauswirt in Killabraggan« (sie murmelte hingerissen den Namen nach !) »vertraute mir allen Ernstes, wie er einst eines regnerischen und windigen Nachmittags übers Moor ging. Alles war mit einem trüben Dufte überzogen, nur ab und zu kam ein Stein oder Strauch in Sicht : da hörte er eine Weise, wie von mehreren Musikanten gespielt. Er konnte den süßen und eintönigen Klängen, zumal des einen Hornes, nicht widerstehen, und folgte ihnen mehrere Meilen über Heide und Wildwuchs; bis auf eine große Schafweide, wo viele sehr kleine Leute mit aschgrauen Gesichtern, aber lustig, um lange Tische saßen. Sie aßen und tranken und luden meinen Wirt dazu ein. Dem war es längst gewesen, als kenne er einige von den Gesichtchen; aber er nahm vorsichtshalber keine Notiz. Bis einer davon ihn, eben als er die angebotene Silbertasse an den Mund setzen wollte, verstohlen am Ärmel zupfte, und ihm zuflüsterte : ja nichts zu trinken; sonst würde er werden wie er, der Sprecher, und nie mehr zu seiner Familie zurückkehren ! Der Arme, maßlos erschrocken, beschloß dem Rat Folge zu leisten; es gelang ihm, den Inhalt mit guter Manier ungetrunken auszugießen – worauf die Musik abbrach, und alles verschwand. Ausgenommen der Becher; den trug er, müde und zerschlagen, nach Hause, und zeigte ihn am nächsten Tage dem Priester : der ihm natürlich riet, das Stück der Kirche zu stiften, nur die könne mit dergleichen fertig werden. Und dieser Becher ist derselbe, der laufend in Kirk-Merlugh beim Abendmahl gebraucht wird ! Ich habe ihn mir selbst angesehen.« – Sie nickte eifrig, und war anscheinend noch aufnahmefähig.

Unter der Gaslaterne vorm Sportplatz parkte das Auto einer Bausparkasse, mit Häusermodellen rundherum hinter den Scheiben; das gab eine so nette kleine Ausstellung, daß wir uns Jeder eins wählen mußten. (Sie das kleinste, simpelste; und die lange Nase zeigte vergnüglich : hier. Und hier erst !). Im Weitergehen :

»Manche Familien scheinen besonders anfällig dafür : eine Frau aus Orrisdale – die mir wöchentlich die Butter brachte; eine Meile nördlich von Ballasalli« (fügte ich nachlässig hinzu : dergleichen macht jede Anekdote unwiderlegbar !) »beklagte sich, wie ihre Kinder darunter zu leiden hätten. Ich war Zeuge, wie ihre fünfjährige Tochter eines Mittags heulend nach Hause kam. Sie hatte für den Vater ein Päckchen Tabak aus dem Dorf holen sollen; und war auf einer buschigen Anhöhe plötzlich von kleinen Männern umringt worden, von denen sogleich einer rief : sie müßte jetzt mit ihnen gehen ! Ein anderer schien mehr Mitleid zu haben – hier wisperte das Mädchen der Mutter lange ins Ohr – und legte sich ins Mittel; wodurch sich die andern endlich auch umstimmen ließen, jedoch so wütend über den unschuldigen Anlaß ihres Zwistes waren, daß sie der Kleinen das Röckchen hochzogen, und ihr eine Tracht Prügel verabreichten. Die Klagende hielt uns als Beleg ihr Hinterteil hin; es war seltsam genug : man sah darauf die deutlichen Spuren winziger derber Händchen !«

Sie zuckte nicht im geringsten (war sie nun so kindlich, oder freien unprüden Geistes ? Die Alte hätte 4 Wochen lang nicht mehr mit mir gesprochen !). Sie hatte aber gut aufgepaßt, und fragte gespannt : »Haben Sie erfahren, was die Kleine ihrer Mutter ins Ohr sagte ?«

Ich nickte langsam und eindrucksvoll. »Ja; später erfuhr ich's. Auf Umwegen. – : Der, der ihr geholfen hatte, war ihrem ältesten Bruder wie aus dem Gesicht geschnitten gewesen – ihrem Bruder, der vor zwei Jahren beim Schafehüten verschwand !«

Da blieb sie aber doch stehen (und schüttelte sich ein wenig). Drüben, aus dem einsamen Stadtbad krochen zwei lange Jungen in schwarzen Dreieckshosen; sahen sich gröhlend vor Lachen nach uns um, und rannten lautlos dürr in die Ferne. Wir schüttelten entrüstet die Köpfe, und bogen um die letzte Ecke : ja, dies war die Inselstraße !

»Und hier schon Nummer 38 – also vermutlich eines der nächsten Häuser.« Ich stellte ihr den Koffer vor die großen Mädchenfüße. Wir dankten einander. Und ich sah ihr gedankenvoll nach, wie sie da so an den zementenen Felsen hinstöckelte : wenn sie mich nun morgen am Fenster wiedersieht – ist das dann pikant; oder bloß albern ?

SCHULAUSFLUG

Ans Fenster treten. (Nicht die Stirn an die Scheibe drücken; das kommt höchstens in starkgebärdigen Schundromanen vor; in Wahrheit erlaubt das die Zentralheizung gar nicht, oder das lang-schmale Kacheltischchen; und der besagte Körperteil wird auch bloß rot gedrückt und schmutzig).

Spatzengeschrei machte feine Schlitze in den Rundumkrach des Verkehrs. Wind raffte aus allerhand Abfall einen Staubkerl zusammen, der mußte walzen (bis das nächste Auto ihn lang zog und zu Tode schleifte; samt seinem einen Papier). In meiner Höhe dann rote Kastanienblüten; auf hundert Balkons ringsum Liegestühle voller Geschöpfe, die ‹braun werden› wollten; ältere, klügere, richteten Riesenschirme gegen die sengende Maiensonne, marktweibergroße, und von einer Farbigkeit, daß einem die Augen gellten : waren also auch nicht klüger; bloß älter.

Älter : und mein Bein tat mir wieder weh ! Kann es denn sein, daß Mitte Vierzig das Fußgewölbe eben einfach nachgibt ? Daß man sich eines schönen Abends unversehens als glücklicher Besitzer eines Paars derber Plattfüße wiederfindet ? 'Life begins at forty'; und bitter nicken.

Freilich, wenn man Geld hätte . . . . . Ich wüßte es jetzt schon richtig anzuwenden : ein winziges Häuschen in der Heide (achttausend höchstens; nicht wie diese Bausparkassen, die mit Zwanzigtausend um sich werfen, als wär's ein bloßer Silbenfall); im Ställchen eine Isetta; Eintausend erlesene Bücher : einmal in aller Ruhe die ‹Insel Felsenburg› durchgehen können, den ‹Nachsommer›, oder Lessing von A bis Z; zur Nacht ein richtiges Bett zum Drinniederlegen (nicht mehr dieses dürre indianerrote Gestelle von Schlafcouch !); nichts mehr ums liebe Brot schreiben zu brauchen, keine ‹experimentelle Prosa› mehr, keine feinsinnigen ‹Essays›, keine ‹Nachtprogramme›; an Uhren werden nur die lautlosen geduldet, die mit Sand und Sonne, oder höchstens im Korridor eine alte Standuhr, die alle Ewigkeiten, nachdem man vieles und vielfältiges gedacht hat, vor sich hin ‹Mnja› sagen. Den Mond untergehen sehen, über Wieseneinsamkeiten, ganz rot würde das silberne Wesen geworden sein, wenn es einsank in Dunstband und Kiefernborte . . . . .

Ein Motorradfahrer explodierte vorüber – das sind die allerschlimmsten ! – : das Papier war ihm aufgegangen, und er zeigte wütend-ergeben mit der blanken Salami die neue Richtung. Auch fuhren amerikanische LKWs viel Atommunition vorbei, und es stank unnachahmlich nach Benzin, nach Straßenschweiß, nach Niveacreme, was weiß ich.

16 Uhr 30 ? Da hätte Fräulein Mülhäuser dasein sollen, meine einzige ‹Schülerin›. (Ich hatte mal inseriert : ‹Wollen Sie berühmt sein ? Schriftsteller werden ? Unterricht auf allen Gebieten schriftstellerischer Tätigkeit erteilt / Otto Lautenschläger›.)

Und was hatte ich für Pech gehabt mit meinen Aspiranten ! Die meisten waren total behämmert, und schrieben einen Stil wie Frenssens ‹Sandgräfin› – also Edelkitsch; ein Reporter war darunter gewesen, der nur gekommen war, um einen (allerdings gut gemeinten) Artikel über meine Häuslichkeit zu veröffentlichen; ein Anderer hatte mich vor Gericht verklagt, weil er in meinem nächsten Buch ‹seine Ideen› zu erkennen vermeinte – dabei hätte ein wirkliches neues Talent doch wahrlich niemand ekstatischer begrüßt als ich. Das hatte ich während meiner literarischen Laufbahn ja nun doch auch immerhin gelernt : das Gute als solches zu erkennen (wenn man es vielleicht auch nicht öffentlich anerkennen durfte : der Markt war ja so überfüllt; die Kon- kurrenz so groß; der Selbsterhaltungstrieb verbot einem, Leute, die nach 1870 geboren waren, zu rühmen !).

Ah, da kam sie über die Straße ! Lang und knochig, Schritte wie ein Mann, die Arme ragten aus den Taschen des dunkelgrünen Lederman- tels (das war auch so etwas Unergründliches : Einmal, in sehr vertrauter Stunde, ach es konnte Zwanzig Jahre her sein, hatte eine Frau mir anvertraut, daß solch ein Ledermantel – wir Männer wären freilich begeistert : Festigkeit, Glätte, Winddicht, Teuer & Solide – für eine Frau eine Strafe bedeute ! ‹Zum Ledermantel verurteilt› hatte das Abenteuer von einem Weibe es formuliert; eben weil das Stück nahezu unvergäng- lich wäre, ‹schier dreißig Jahre bistu alt›, wäre es ein Scheuel und Greuel in den Augen jeder mit der jährlich dieversemal wechselnden Mode fortschreitenden Frau !). Und Ilse hier trug einen. Hm.

Klingeln – »Ja, bitte !«. – Und da stand sie in meinem Korridor rothaarig und leicht sommersprossig; so groß wie ich; gelbgeränderte Brillengläser ritten über dem Irokesenprofil; da der Vater Direktor dreier hiesiger Textilfabriken war, half ich ihr aus dem schweren Ding.

Nach einem Jahr Unterricht (Stunde à drei Mark) wußte sie den Weg ins Paradezimmer. (Meine Wohnung bestand aus eben diesem – mit eindrucksvollen Bücherregalen an den Wänden; einem Rollschränkchen voller Leitzordner; einer Sitzecke – und außerdem einer verbotenen Zwergenküche, in der auch die dickbesagte Schlafcouch stand, alles armselig genug, was will man machen ?). Ich rief ihr nach – absichtlich beiläufig; während des Mantelaufdenbügelhängens – »Sehen Sie sich mal die neueste Nummer der ‹Kalebasse› an !« (Der mir befreundete Redakteur hatte nämlich endlich zwei von ihren Gedichten abgedruckt; die ich durch den anderen befreundeten Redakteur einer zweiten Zeitschrift sehr wohlwollend hatte besprechen lassen – was will man machen ? : Täglich drei Stunden à drei Mark, das sind rund Zweihundertfünfzig im Monat : wer's über's Herz bringt, werfe den ersten Stein !). Blieb ich also diskret lange draußen; während sie drinnen gierig mit den Zeitschriften raschelte. »Nehmen Sie sich die Exemplare mit, selbstverständlich.« gewährte ich großzügig.

»Obwohl !« und sah ihr streng in die selig-sommersprossige Gesichtsscheibe : »Zumindest die eine Wendung, ‹Lautlos, wie die Araber, / ihr Zelt falten zur Nacht›, von Longfellow expropriiert sein dürfte : '... shall fold their tents like the Arabs, / and as silently shall steal away ...' !« Sie errötete bis fast zu Tränen, und gab's zu. »Aber die Übersetzung ist *so* gut,« fuhr ich, ihr zum Trost fort, »daß es für diesmal durchgehen mag. – Da gibt es ganz andere Fälle : was meinen Sie, was Adalbert Stifter alles gestohlen hat ? Sein ‹Hochwald› ist bis in die Einzelheiten der Handlung aus Coopers 'Deerslayer' entlehnt. Das ‹Alte Siegel› haben Sie, wie ich Ihnen aufgab, gelesen ?«. Sie hatte es, gehorsam und fleißig wie stets. »Da nehmen Sie sich jetzt mal den dicken blauen da heraus – jawohl, den ! – und vergleichen Sie den Anfang von Fouqué's ‹Zauberring› damit : sogar die Namen ‹Hugh› und ‹Hugo› sind dieselben : es ist eine rechte Schande !«

Und wir gingen gemeinsam durch, wie man so etwas macht – plagiieren nämlich; oh, sie lernte schon etwas bei mir ! Wir arbeiteten zusammen nützliche Bücher durch, etwa Wielands ‹Aristipp›, aus denen sie die Technik des Briefromans studieren konnte. Sie las die Korrekturen meiner Bücher mit. Wir gingen gemeinsam in Bibliotheken, wo ich sie die Standardnachschlagewerke kennen lehrte, die ‹Allgemeine Deutsche Biographie›, die ‹Encyclopaedia Britannica›, ‹Schlichtegrolls Nekrolog›; und wie man den ‹Auswärtigen Leihverkehr› benutzt. Ins Funkhaus nahm ich sie mit, wenn ich, wie selten einmal, Geschichten vorlas, daß sie auch das aus dem Grunde erfuhr. Übersetzungen schrieb sie mir ins Reine (obwohl man mir da natürlich schon den Vorwurf machen konnte, ich benützte sie – auch bei Erledigung der Korrespondenz – als zahlende Sekretärin; hm).

Wieder Klingeln. – »Nanu? Ist das schon der andere Schüler? . . . . .«
Und ging zur Tür (ich hielt es für gut, diese Fiktion der ‹anderen
Schüler› ihr gegenüber aufrecht zu erhalten. Und *was* ich schon für
Tricks angewandt hatte, um vor ihr zu verbergen, daß ich keinen
Radioapparat besaß! Feinsinnigste Argumente hatte ich ins Feld geführt :
daß ein Schaffender seine alten Arbeiten nicht mehr hören dürfe; sonst
entstünde nichts Neues. Und all solchen Blödsinn. Aber sie hörte
getreulich jede Rundfunksendung ab; und berichtete am nächsten Mor-
gen darüber). Diesmal war es aber nur der Postbote; ein Eilbrief : die
Übersetzung müßte spätestens in 14 Tagen abgeliefert werden, weil der
Schmarren verfilmt würde! Ich legte ihr resigniert den Wisch hin, und
sie studierte ihn besorgt : »Ja, ob wir das fertig kriegen? . . . .«
Rasch noch ihre Schulaufgaben durchsehen : »Also, Fräulein Mülhäuser, was heißt das ‹Der Wortschatz des vom Hai um die Mitte
Gepackten›? : der macht doch höchstens noch ‹Gacks!› – wohltönender
Unsinn ist das!« (Natürlich alles psychologisch interessant; ihre
Geschichte vom ‹Weiterträumen›, von der Frau, die nicht mehr zu
träumen aufhören kann, so die Brackwässer von Ilses Nacht & Tag; und
andere Einfälle von ausgezeichneter Unbrauchbarkeit, das heißt solche,
die sie mit ihren 24 Jahren noch gar nicht bewältigen konnte). Heute war
Sonnabend – also noch rasch die Aufgabe für Montag : »Schreiben Sie
einen Essay – zumindest das Gerüst eines solchen – über ‹Die Großhaus-
welten›; das wird für die nächsten Wochen und Monate unser Thema
sein.« Und ist ja auch eine, formal überhaupt noch nicht bewältigte
Erscheinung unserer modernen Zivilisation : typisch für die Menschheit
sind diese beiden geworden, das Einfamilienhaus und das Großhaus, das
dem technischen Produkt und seiner Verwaltung gewidmete, also
Fabrik, Kaufhaus, Bank, Postamt; andererseits die, aus der Stammes-
unterkunft der Primitiven weiterentwickelte Drillanstalt, à la Schule,
Kaserne, Funkhaus, Parlament wo die Ältesten Palaver machen;
Rummelplätze . . . .
    (‹Rede zum Richtfest eines Atommeilers› fiel mir ein : »Mit Ver-
gunst . . . . .« – *denen* würde ich was erzählen!!).
    Was war das Letzte gewesen? : Rummel. Ich tappte mit der
Handfläche auf den Tisch; ich sagte : »Fräulein Mülhäuser, es dämmert
bereits : kommen Sie mit auf den Messplatz; Sie wissen ja, ‹Greift nur
hinein ins volle Menschenleben›; übersetzen kann ich auch noch nach
Mitternacht – nehmen Sie den Notizblock mit, wir machen Studien, wir
gehen auf Bilderjagd : Schulausflug!«. Sie errötete; sie stotterte : »Wir
haben eigentlich Besuch; mein Bruder, der Theologe . . .«. »Ah, natür-

lich. – Also lassen wir's,« sagte ich ernüchtert (ich hab ja auch gar kein Geld; war ohnehin unvorsichtig, sie einzuladen; da muß ich dann als Kavalier bezahlen; ich : der Direktorstochter !). Aber sie errötete schon wieder so lieb, und arbeitete mit den großen Händen : »Ach nein, ich komm' ja gern mit; ich ruf' nur schnell zu Hause an ...« Dämmerung durch die Straßen. Der volle Mond schräg verankert im Wolkenstrom : »Heute Nacht findet überdem eine totale Mondfinsternis statt, sehen Sie sich die an; die nächste ist erst wieder in vier Jahren.« Und geleitete sie zur nächsten Telefonzelle.

(Seltsam so draußen zu stehen : das gelbe Eisengerippe, mit Glastafeln ausgefüllt; drinnen hantiert die Lange, am Ohr das schwarze Gerät; dreht sich her, als spräche sie von mir; schweigt zehnsekundenlang; am anderen Ende mag eine Villa liegen, zwanzig Zimmer, eine distinguierte Mutter hebt die Brauen, im Hintergrund grunzt ein dicker kurzer Vater) : »Na ? !« Und sie strahlte mich grausam an : »In Ordnung !«.

Schon wurde der Krach lauter, die Häusermauern flackerbunter. Oben flog ein kleiner dicker Zeppelin, unten der Mann am Scheinwerfer hatte genug zu tun, ihn anzustrahlen. Und Schlangenmenschen, Sektmarken, Tänzerinnen machten Reifen aus ihren Armen und drehten sich selig darunter; Bratwürste sprühten Fettfunken; ‹Mach mal Pause› im Lichterwald; dreitausend Menschenmädchen machten dünnlange Beine; rotlöchrige Gesichter; Burschen überschlugen sich in Schiffschaukeln; Arme drängelten, Bänder sprudelten, Gürteln natternbillig; dicke Schützen brummten hinter Wangen, Teddies kauerten sklavenbunt.

»Ach, da; mein Bruder !« Sie verschluckte den letzten Wurstzipfel beinahe, und zeigte mit den Augen auf den langen Studenten, der, wie aus schwarzen Röhren erbaut, eben auf uns zu kam; mit hohem steifen Kragen und kirchenpräsidentenem Gesichtsausdruck. »Mein Bruder Gerhardt .....« stellte sie leicht beklommen vor; und ich erkannte an dem ‹steinern› sein sollenden, aber wie gekocht wirkenden Austernauge nicht nur den habituellen Brillenträger, sondern auch den korrekten Akademiker, der sich durch Autopsie überzeugen will, wer dieser ‹Lehrer› seiner Schwester eigentlich ist. »Ich kenne einige Ihrer Bücher,« ergänzte er undurchdringlich (hoffentlich nicht die ganz frühen, den ‹Sataspes› oder das ‹Haus in der Holetschkagasse› !). »Und Sie sind bei Ihrer Doktorarbeit ? Darf ich fragen ?« Er nickte gemessen von seinen sieben Fuß Größe herunter : ich durfte fragen. »Das Buch Henoch« erklärte er kurz und abweisend, à la : kennt ja doch Niemand außer mir.

»Henoch« sagte ich nachdenklich : »Das hab' ich früher immer gern gelesen.« (Und starkes Nicken in Erinnerungen hinein). Er drehte mir das gerunzelte Gesicht zu, mit dem man Konkurrenten wittert; auf der andern Seite begann Ilses Antlitz zu strahlen – sie kannte mich und meine bemerkenswerte Lektur; sie war auf alles gefaßt. »Ich kenne natürlich nur die Übersetzung beim Kautzsch,« sagte ich kalt; »während Sie ja sicher koptisch können –«(er bestätigte, ruckartig aus den Hüften heraus) »– aber mich hat die danteske Art zu schildern – genauer sollte man natürlich sagen : Dantes henochoide Art – immer sehr interessiert; zumal, wenn man im Besitz des Schlüssels, der kosmologischen Anschauungsweise ist, dann gibt es ja nichts Aparteres.« »Die babylonische Ziggurat« bestätigte er hochmütig, »obwohl auch da natürlich vieles noch unklar bleibt; wer wird denn auch eine Apokalypse bis ins Letzte verstehen wollen !«. »Was meinen Sie jetzt speziell mit ‹unklaren Stellen› ?« fragte ich »Babylon natürlich; davon wissen wir viel zu wenig; aber es ist ja ein ganz anderes; alles erläuterndes Weltbild da.« »Nun« sagte er geduldig, »zum Beispiel die Wesen, die Henoch auf seiner Reise durch den Himmel antrifft; und die er bald als Mensch, bald als Feuerflamme sieht.« »Na, das ist ja nun noch das einfachste,« (ich formulierte es boshafterweise so !) : »das sind die Sterne bzw. ihre Führer um den Berg des Nordens.« »Berg des Nordens ?« wiederholte er befremdet; und ich mußte ihm erst das Weltbild Kosmas' des Indikopleustes erklären – »Sie wissen ja, daß das Buch Henoch langelange in der griechischen Kirche ‹gegolten› hat; und Kosmas *ist* in Äthiopien gewesen, man vergleiche sein Monumentum Adulitanum.« Also skizzierte ich es ihm rasch auf die Budenwand : »Das ganze Mittelalter zehrte davon; Dante; Joinville; auch noch Kolumbus, der am Orinokodelta das Paradies und einen Berg entdeckt haben wollte, der bis in die Mondsphäre ragte, gestaltet wie die Knospe einer Frauenbrust –« (er zuckte sichtlich, und sah verwirrt zu Ilse hin; die errötete raschlieb; aber es war ja *zu* interessant) »Nebenbei : auf dem Umschlag der ältesten Ausgabe von Karl Mays Roman ‹Und Friede auf Erden› hat Sascha Schneider unbewußt einen Engel als Sternenführer dargestellt – Sie können ihn morgen bei mir sehen.«

Er reckte sich ekstatisch; er fragte : »Steht der Kosmas beim Migne ? Mein Vater hat mir die Serie zu Weihnachten geschenkt.« »Ja, auch da.« »Oh, damußichdochgleich .... nachsehengehen« murmelte er aufgeregt-abwesend; auch : »Kommstu mal mit zum Wagen, Ilse ?« (Sie bat mit Hand und Mund um einen Augenblick : bitte.)

Warten. Männer in engen schwarzen Schutzanzügen bückten sich allenthalben umher, und legten schon die Zündschnuren fürs abschließende Feuerwerk. (Das muß man sich mal vorstellen : der ‹Migne›, das

113

heißt die 400-bändige Serie der Kirchenväter, wird zur Zeit garantiert mit 10000 Mark gehandelt : und so was schenkt man sich bei Mülhäusers zu Weihnachten ! Ob ich nicht doch das Stundengeld um 50 Pfennig erhöhe ? ?). Aber da kam sie schon wieder hastig durchs Plebejergedränge gestakt : »Mein Bruder ist *auch* ganz begeistert von Ihnen« gestand sie atemlos. (‹auch› ?).

Dröhnend verkündete der Ansager neben uns : »Letzte Fahrt des Riesenrades für diese Saison ! Wer will noch mal ! Wer ...« Schon hatte ich 2 Billets erstanden; schon Ilse bei der sommersprossigen Hand genommen; schon saßen wir nebeneinander in der Gondel, die unter angemessener Sambabegleitung nach oben zu steigen begann.

Hoch; ja höher. Oben allein. Und untertauchen in Krach und Helligkeit (wie sagt Sir Thomas Browne im ‹Religio Medici› ? : 'And even that tavern-music, which makes one man merry, another mad, in me strikes a deep fit of devotion.' And so on). Neuerdings aufstiegen wir. Sanken wieder auf den Grund des Lichterteiches : in die korallenbunten Gerüste; Knaben ritten auf Seepferdchen; langbeinige Wasserjungfern quälten Würste mit spitzen Fingern, mit Zähnen .....

Aber Ilses Gesicht : ? : ? ? Ihr wurde schlecht ! ! Ich schnipste dem Mann am Dynamo eine D-Mark hin, und er ließ uns schnell aussteigen (d.h. ich zerrte meine riesige Begleiterin möglichst rasch aus der Gondel). »Kommen Sie : schnell 'n Magenbitter !«.

Und schon wieder vor dieser Bude : die schwarze erfahrene Kellnerin schenkte uns ein (auf einen schlauen Augenklaps von mir hin Ilse immer das doppelte). Und allmählich wurde ihr (sommersprossiger ?) Magen besser. Sie bekam wieder Farbe, und stöhnte ein paarmal erleichtert. – Und fuhr erschrocken herum, als auf einmal die Lichter erloschen. Ich legte ihr beschwichtigend den Arm um die Schulter; wir traten etwas an den Rand (wo das Finanzamt ist; ich drohte dem Sandsteingebäude erst noch heimlich mit der Faust : ! !).

Und schon zerkeilten die Lichthiebe unsere Fronten bis zur Unkenntlichkeit; bunte Klingen häckselten uns; ein Feuerriese ließ sein Blumengehirn übertrüffeln; und wir hatten zweifarbige Gesichter : die rechte Hälfte grün, die linke wolkiges Braun. Ein Lichtseil loopte wahnsinnige Kurven am Himmel; und rechts wieder Bonbonrot, links tiefes Taumelviolett. Ein Kanonenschlag machte uns Kleider aus feuerfarbenem Taft, (und viele hitzige Rosengesichter), bis der schwarze Donner die Erde unter uns wegzog wie ein Sprungtuch. Wir traten vorsichtshalber dichter aneinander, und sahen zu, wie sich dort, im Phlegeton, die Schatten zischend kielholten (aber das war alles nichts, gegen die röhrigen Bässe, die aus den Lichtfudern befahlen, und zaun-hohe Flammenzähne zeigten).

»Komm' Sie lieber mit« nahm ich das Magenbittergesicht untern Arm; und zurück durch die Stadt, über angestrahlte Straßen hinweg, und Plätze, an deren Rändern helle Geschäftshöhlen lungerten : Kata-rakte von Hüten; schwarze Frauen knixten mit grobem Silberhaar, manche hatten Federköpfe wie Vogelmenschen. So eine Lederjacke müßte man sich kaufen können.

Sie hing schwerer in meinem Arm, murmelte ein Lachen, und stöhnte wohlig (waren 4 Magenbitter etwa zuviel gewesen ? !). Sie blieb tiefsinnig vor einem Schaufenster stehen – eine schwarze Siebenachtel-hose schritt weitgebärdig über Blusenbusen; gelbe magere Handschuhe tasteten lüstern an Mädchenwäsche – sie war offensichtlich angeheitert. »Trinken Sie eigentlich sonst ?« : »Achneinnie !« summte sie selig, und lachte und zeigte. Und wurde wieder ernst; und umklammerte meinen Arm fester : »Ich hab mir – obwohl's verboten ist – Ihr ‹Anderes Zimmer› angesehen : Ochch !« Und stellte sich vor mir auf (die dunkle Passage am Weißen Turm war günstig). »Und ich hab' aufgepaßt : es kommen gar keine ‹Anderen Schüler› ! – Und die ‹Holetschkagasse› ist doch so *wunderbar ! !* – Die dünne Schlafcouch hab' ich gestreichelt, immerzu !«. Sie legte mir beide mächtigen Hände um die Oberarme; nahm sie aber, wohlerzogen, gleich wieder weg, und wir gingen weiter durch die dunkler werdenden Vorstadtstraßen.

Bäume, in schwarzgelben Perücken, begannen zu rauschen; die Abstände zwischen den Villen wurden schon größer, vornehmer. Auf einer Bank, in Schattenwirbeln, verrankte sich ein Pärchen. »Und meinem Bruder würde es ja so sehr helfen, Ihr ‹Kosmas› – er will doch später Superintendent werden !«

Bogen wir also noch um die Kirchhofsmauer; und sofort weiter den Trampelpfad über die Nachtweide; ist billiger als ein Cafébesuch. »Aaaach !« und da hing er, ein Kupfergong, sehr niedrig im Äther : der verfinsterte Mond. Über dürren Kiefernwitwen. Ein paar Fußball-tore standen, völliger Autismus, im Gelände herum. Sie sah mich an, und sagte gelehrig das zuständige Wort : »Oppolzer !«. »Oppolzer«, wiederholte ich, und drückte ihren Armknochen fester : was ich schon so an Mondmetaphern ersonnen habe; es wäre nicht mehr als recht und billig, einen Mondkrater nach mir zu benennen !

Also stehen. Auf dem umliegenden Wiesenland bildete sich sacht der Tau. Spitzgliedrige Sternbilder hockten zitternd an allen Horizonten. Zeit wäre es, sich nach einem sicheren Hafen umzusehen. Der Vater

Direktor dreier Textilfabriken. Und ich träumte von Karteien; von anständiger, regelmäßigrechtwinkliger Arbeit; Kinder könnte man haben, 3 Stück, groß und rothaarig, nicht bloß immer ‹Schüler› ! –

Vor ihrer Villa; 14 Zimmer; oben im Dachgeschoß war noch Licht. »Und jetzt hör ich Ihr Nachtprogramm; bei meinem Bruder im Zimmer – ach« gestand sie. Rührend und abgründig tiefsinnig war dieses »Ach !«; lieber nicht drübernachdenken. Oder doch ? – ?

Ich nahm ihre schweren Armknochen; und legte sie mir um den Hals. Meine um ihren Brustkorb. Lange. Und wir hakten die brilligen Gesichter übereinander. Lange.

Mondfinsternisrummelfeuerwerkhenoch ! –

»Und jetzt hör' ich Ihr . . . . . : *Dein* Nachtprogramm !«.

Sie montierte sich mühsam von mir los. Und kam immer wieder heran.

»Und morgen kommen wir beide zu Dir : Gerhardt und ich. « – Sie legte die große Hand auf mein Herz. Fing mein Gesicht mit dem ihrigen. Und also kann man ja noch weiter leben.

ZÄHLERGESANG

Im allgemeinen bin ich am liebsten allein; ein Wesenszug, den meine wenigen Bekannten ohne Zögern bestätigen werden; das ist ja immer das Schönste, dieses »Ni Dieu, ni maître«. Folglich kommt es auch selten vor – beinahe wäre ich der Epidemie erlegen und hätte getippt »relativ selten«; man muß ja zu vorsichtig sein ! –, daß ich mich in größere Menschenansammlungen begebe, und die sind dann stets von ganz besonderer Art.

Früher waren es die Wartesäle kleiner Bahnhöfe (wobei der Akzent auf »klein« liegt; große sind da viel zu charakterlos : da weiß man nie, ob man nicht im Hotel sitzt oder im Speisesaal der »Queen Mary«; es fehlt die beständige unverwechselbare Untermalung durch diesen ganz spezifischen Begriff »Eisenbahn« !); auch abendliche Bahnsteige, auf denen neben ihren gelben Koffern die Menschen wie Schaufensterpuppen herumstehen; gelbe Uhrenmonde guillotinieren ruckweise die Zeit; Abschiede zwischen niedrigen Eisenbäumen mit schwarzer nietenköpfiger Rinde.

Das allerdings ist mir versagt, seitdem ich zu Rheumatismus tendiere. Da stelle ich mich denn nun zum Ersatz in Warenhäuser, neben die Rolltreppe (so lange, bis die Verkäuferinnen einander argwöhnische Augenwinkel zuheben); da läuft ebenfalls die Gesichter- und Stimmenbrause; da sieht man, wie der Mann sich drückt, wenn die Frau an die billigen Pullover gerät : Verheiratete müssen ihre Freiheit wohl pausenlos durch Zehnmarkscheine erkaufen (und Vorwürfe bekommen sie anschließend doch noch).

Es war also Abend geworden – Abend muß es sein; da geht alles schwarzgelber und lockerer (die lästigen Morgenenergien sind verbraucht); wer jetzt durch die Straßen bummelt, mit schon geglättetem Gefieder, nickt auch den altmodischen Gaslaternen anerkennend zu (wenn man das Ohr neigt und die Stirn nur ein bißchen kraust, kann man auch das einförmige Zischen der vier Flämmchen hören und sich sagen : das zischt da immerfort; auch während du schläfst : sehr merkwürdig !); und wer gar einmal hochlugt, in die schwarze Eisenkappe hinein, sieht vielleicht zu seinem Erstaunen, daß diese Gaslaternen alle Nummern haben, »911«, und die nächste, nachdenklicherweise dann »1515a« : schon fängt man verantwortlich, ganz Mitarbeiter an unserer Demokratie, an, zu grübeln : welches System solcher Numerierung wohl zugrunde liegen möge'?

Als ich, von einem Gang solcher Art heimkehrend, in »meine« Haustür einbiegen wollte, bemerkte ich befremdet, daß an diesem Winterabend gegen 17 Uhr gleichzeitig vier Möbelwagen vor dem Nachbarhaus hielten. Richtig ! : Der Neubau war eben fertig geworden, noch wirtschafteten Handwerker in allen Gängen, Eimerchen mit lustigen Farben machten Tuschkastenaugen, Rohrleger hingen an Leitungen. Es hupte mächtig hinter, neben mir, und ein neuer Lastzug, mit schräger Braunschweiger Firma, wühlte sein Bärenhaupt zwischen die kreuz und quer wartenden Vorgänger.

»Es war eine Lust ...«; »So prächtig hauruckten die Packer ...«, solche unverbindlichen Satzbruchstücke erschienen unverzüglich in meinem Oberstübchen, daß mich die Lust überkam, zwischen all den aufgeregten Hosenbeinen und Mädchenschöpfen mitzumachen. Holte ich mir also meinen alten blauen Monteuranzug aus dem Schrank; dazu die fesch-beige Baskenmütze – halt !; den Zollstock noch in die Hand; und ein Endchen Rohr – und mischte mich wohlgemut ins Getümmel.

Da riß es mich in eine laute und aufgeregte Welt : ein Schrankgigant kippte gleich auf mich zu; hünenhafte Tapezierer legten Balatumlanzen gegen mich ein; Elektriker mit Ampeltöpfen in den Händen turnten leiternhoch, dennoch sah ich so zünftig-amtlich aus – aus der Brusttasche ragte mir gekonnt, gut lesbar, die letzte Zählerrechnung der AEG ! –, daß niemand mich nicht nur nicht aufzuhalten wagte : im Gegenteil : ich war allerorten der Gast, der geehrte Gast; der Herr über 20 Tarife; dessen Wohlwollen man sich versichern mußte ! Also besah ich mir in aller Muße abwechselnd die Beine der Möbel und der Frauen – (beide erschienen öfters aus Versehen für Minuten in den falschen Wohnungen); und lauschte dem, was man höflicherweise das »Gespräch« nennt; das heißt dem Gemisch aus dirigierenden Schreien, ehemännlichen Flüchen (dem Dialekt nach alles Flüchtlinge), Kinder hielten ihren Spielpanzer vor die bestrickte Brust gepreßt; Frauenlippen zählten lautlos nach. Eine gefiel mir sehr; ein dünnes kindliches Gesicht, spöttisch und schwermütig, sehr weiß, unter der schiefen feuerroten Mütze.

Also nähern ! Ich drang zielbewußt in die dazugehörige Wohnung ein : eine besorgte Mutter zauderte zwischen Kisten (deren Inhalte augenscheinlich unbekannt waren); ein kleiner derber Vater in Breeches (das Bruderkind verschwand unter dem darübergestülpten Papierkorb, quantité négligeable).

Ich nahm gleich den Zähler im Korridor in die Hand (und wurde ehrerbietig betrachtet, wie ich da, die Zungenspitze fachmännisch heraus, maß und murmelte !). »Ach, Sie komm' aus Pommern ?«; und der Hausherr bejahte bereitwillig; das ist das einzig Gute unserer Zeit, daß man sich leicht unterhält :»Sie sind auch vertrieben ? ! Wie war bei euch der Russe ?«.

Oh weh; und alles winkte ab. (Ich half dafür auch die Möbel mit geraderücken; hatte mich als schicksalsgenössischen Schlesier zu erkennen gegeben.) Also von den ganzen, »leidlich« milderen Jahren mal abgesehen (und ich wünschte jedem unserer Politiker solche »milderen« Jahre : die würden Augen machen !); beim Einmarsch war es schlimm. (Und jetzt wurde es schwierig für mich : ich mußte dreierlei gleichzeitig tun : dem Zählergesang lauschen (ich weiß nicht, ob Sie's schon mal versucht haben : wenn man sich nachts, alle anderen müssen schlafen, das eigene Gehirn ist ausgelaufen beim Studium von Schröter oder Lamartines »Geschichte der Girondisten«, vor den Elektrozähler stellt : da singt es drin, ferne Stimmen, wie wenn man manchmal die Kurzwelle einstellt und Radio Surabaja wispert einem ins Geöhr); also dem mußte ich lauschen. Dann dem Gerolle der Bagage draußen : Rückzug der menschlichen Armee vor dem Feind Leben. Und schließlich (und wichtigstens) der Erzählung von Dittmanns.

Als der Russe kam, flohen sie in die Wälder. Das Haus zu halten war unmöglich für die Frauen, wegen der vielen Vergewaltigungen. (»Wenn die Besoffenen dann ankamen und die Mädchen verlangten, bin ich immer mit raufgegangen«, mitteilte tönern die untersetzte Mutter.) Und ich hob den Zollstock wieder wütender an die Leitungen.

Dann Verstecken in den Wäldern. (Am Tage mußten sie auf ihrem früheren Eigentum arbeiten !) Zu vierzig schliefen sie in der Holzfällerhütte, als der Typhus ausbrach. (Gemischt mit Ruhr – und ein Eimer für alle : das ergab Szenen, die jenes ruchloseste aller Worte illustrieren : »Und siehe : es war alles gut !«)

»Von 40 kriegten 39 den Typhus – und ausgerechnet mein Junge, der zwischen uns lag, nicht : das ist doch seltsam !« »Und die Haare sind uns ausgefallen : vollkommen. Wir wußten gar nicht, was wir machen sollten !«

Eben kam die Kleine (was heißt hier »Kleine« : so 18 mochte sie sein ! Einmal hatte ich gehört, wie sie zu einer Bekannten äußerte : »Du, wir haben ein' Elektriker oben : der is nett !«) mit einem Karton die Treppe heraufgepustet. Wir lachten einander an; à la ich wollte es wäre

Nacht. Sie rief, raffiniert-gleichgültig, einer Freundin etwas zurück. Und ging einen Stock tiefer, auf diese neue Schwarzgelockte zu. »Entschuldigen Sie ...« (und was man weiter so sagt). Dann bei denen Messen und Schätzen : »Sagen Sie, wie heißt eigentlich die junge Dame oben ? ... Dittmann, gewiß, aber wie weiter ?«

Sie machte ein bedenklich-pausbackiges Gesicht (und es stand ihr sehr gut zu den silbrigen Augenkernen); wiegte auch hochbedenklich den Kopf : »Wissen Sie denn nicht ? ...« Ich wußte natürlich nicht; und sie erklärte es mir : »Können Sie sich's nicht denken, warum Lise immer diese Mütze trägt ? : Die hat kein einziges Haar mehr auf'm Kopf ! Kahl wie 'ne Kniescheibe. Die kriegt nie mehr 'n Mann !«

Zwar gelang es mir, beherrscht, nur »Aha« zu machen; aber innerlich wölkte es doch ständig weiter; wenn man so ein Mädchen bei sich hätte – in fortgeschrittener Stimmung – und dann auf einmal der atheistenkahle Eierschädel ? ! Da schob ich doch bedenklich die Unterlippe vor !

(Gewiß, ja; bei Dauthendey, »Acht Gesichter am Biwasee«, kam ein ähnliches Thema mal vor. Aber das war ja Japan, weit weg, und also eigentlich mehr zum Lachen. Wogegen hier ...)

Ich riß mich los, aus dem schwarzlockigen Getümmel; versprach noch rasch neue, gütigere Tarife; und flüchtete mich in meine Junggesellenwohnung.

Erst noch ein bißchen in den Geschichten aus der Französischen Revolution blättern; Carlyle, Thiers, Aulard und Kropotkin : damals waren ja auch tolle Sachen vorgekommen ! (Beim Schlafengehen auf das weiße Kopfkissen starren : nee. Einen Frauenkopf wie ein Straußenei ? ... : Nee ! !)

Der Lichtschalter war in Zählernähe, richtig : er sang wieder; ganz nichteuklidisch weltraumhaft und »Hüahüaho«. Noch einmal den Kopf schütteln : Nee. Es stört doch maßlos : so ganz ohne Haare ? ...

NEBENMOND UND ROSA AUGEN
(Nr. 24 aus der Faust-Serie des Verfassers)

I

Die Nacht war still; der abnehmende Mond erhellte die Straße; wir ritten auf unseren Fahrrädern dahin. (‹Teerdecke›, das ist eine nützlichere Erfindung, als.) / (Daß die Dämonin ausgerechnet wieder ein karminrotes haben mußte, die Rohrköpfe gelbgeflammt & wie mit Rauchfloren umwickelt, hatte ich ihr vergebens verwiesen; sie rausredete : im ‹Vorhof› hätte's kein anderes gehabt. Je nun; ich hab mich ihr nun einmal verschrieben.) *Als plötzlich, gegen 3 1/2 Uhr, im Westen* eine schwarz graue Wolke sich zeigte; und, kaum von uns gesehen, von heftigen Böen begleitet, pfeilschnell unserem Zenith zu eilte; (‹mein› Zenith – ich wäre also Zenithbesitzer ? ‹Wer kauft Azimute ?› : »Nadire feil !«).

Wir sahen es einmal nur stark blitzen, hörten aber keinen Donner, zwischen Görlitz und Lauban; (wenn es die DDR nicht gäbe : sollte man sie erfinden ?). / Der schwarzhakige Wald chausseete langsam neben uns entlang; Dorédornen öffneten gefällig Krallenfächerchen,(wenn man 1 abbrach, seufzte er womöglich, der Wald an der Chaussee; und litt dann weiter an Oktoberstarre.) / ((In dem Gehöft-zuvor, wo wir Milch getrunken hatten – ‹Milch›; das muß sich Einer ma vorstellen ! Wir taten es aber auch aus reiner Bosheit. (Und meine Teufelin brachte dabei die Brust *so* vor, daß Mann gleich hätte unsinnig werden mögen.) – hatte der Hahn lange in die Fahrradlampe gestarrt, the Snake & the Serpent; und dann zu krähen begonnen : The Sun does arise, & makes happy the skies. Auch war noch bemerkenswert gewesen, daß eine junge Katze, die, laut Aussage jener Klütenpedder, sonst wenig Elektrizät zeigte, in den vorhergehenden kalten Tagen, vom 23. bis 27. Oktober, bei dem leisesten Streicheln starke Funken sprühte; besonders lange kamen, mit lautem Geknister, aus den Spitzen der Ohren. Meine Dämonin – oder bin ich ‹ihrer› ? – trank, wie gesagt, währenddessen immer Milch; aus feuerroten Handflächen; mit sichtlichem Genuß.)) / Uns stand jedenfalls einer der großen Zyklenwinter bevor.

Es wurde so dunkel, daß wir die Straße nicht mehr zu sehen vermochten ! (Oder nein; weg das Ausrufungszeichen : so stenografenhaft schnell erfolgte der Vorgang doch nicht ganz; man sagt mir ohnehin nach, daß ich mit einer Handtasche voller Ausrufungs- und Fragezeichen, also voller Geschrei, reise : es ist nicht wahr ! !). / Wenige Sekunden darauf fing es an zu hageln, und es fielen Schloßen, wovon einige die Dicke einer Wallnuß hatten. Der Wind wehte furchtbar; so daß die Räder ihm nicht zu widerstehen vermochten, sondern seitwärts getrieben wurden. Einzelne Hagelkörner, welche ‹es› auf die Klingeln und in die (leeren) Handgriffe der Lenkstangen drängte, leuchteten; (und in demselben Augenblick sah ich auch ihre Ohrenspitzen glimmen ! Sonst aber nichts weiter; keinen fingerzipfligen Teil irgend an uns, noch an den umgebenden Gehölzen, nichts.)

Selbst meiner Dämonessa wurde unheimlich. (Vielleicht auch nur angeblich : Wer, der im Kürschner steht, weiß schon noch Bescheid mit Dämonen ? Die, die's behaupten, sicher nicht. Und ‹Leser› ? – achduliebergott. ‹Leser›, das sind Diejenigen, die zeitlebens ‹Schirm› zu dem sagen, wobei einem Schriftsteller ‹ein Stock im Petticoat› einfällt !). / Sie erinnerte mich diskret an 1 ‹längeres Gedankenspiel›, das ich, als sehr junger Mensch, damals, hier im Nonnenbusch lokalisiert hatte : ? – Ich runzelte die sehr-behagelte Stirn (da jetzt sogar der obere Rand meines (geklauten) Rückspiegels zu fosforeszieren begann). Wir einigten uns kurz; durch Wimpernbedenken, Wortstücke, Lippenperispomenen, Handgaukeleien. Und bogen ergo links ab; (sie ließ mich raffinierterweise ‹führen› – also ‹Erinnerungen wecken›; die sind ja zu abgefeimt.); den Hang-Lehmweg, meingottdasgeglitsche, hinunter : kann man das BrettübereinenBach ‹Steg› nennen? ...

Der Hagel wurde jedenfalls geradezu lebensgefährlich ! (Ich & viele Pferde jener Gebiete hatten am nächsten Tag Beulen & blaue Flecken.) / Wir köpften uns in ein Fichticht. Hockten unter das barbije Weir (= knochiges Drahthaar) der unten-Erstorbenen. Und warteten eben. –. . –. / – –. / : Pause. Der Hagel massierte die allesduldenden Zweige dichtüberuns. Die Dämonin zählte ihr Papiergeld unter (und mit) der Hakennase. Rechnete; und debattierte einmal, kurz & ungehalten, mit ihren Montessori-Fingern. / Die Schloßen rappelten, als lebten wir in Packpapier; (eine Zellstoffwelt; wir wehren uns mit Armen, halberstickten. Der Tod kommt schneeweiß : auch 'ne Möglichkeit. – Die Nerven der Meistenvonuns würden ‹weiß & lautlos› vermutlich viel schlechter ertragen, als dantesk-aufgeregte Höllen.) / Sie lächelte befriedigt, da es kein Ende nehmen wollte. Bat um Erlaubnis & erhieltsie. Zog eine Rolle aus dem (feurig beflaumten) Busen ....

... ich barg, was ich an Ohren hatte, in Schiband & Nadelstreu; befahl ihr, ja leise zu sprechen; und das Subjekt (?) las tatsächlich auch. Frisch gesammeltes Material aus Westdeutschland. (Und, Moment : wenn Die also, bei Satans, die ‹Spaltung› offiziell anerkennen ? – : dann tut Unsereins doch wohl gut, sich ebenfalls darauf ‹einzustellen›, wie ?) –

2

GESCHICHTE DER TEUFELIN

Ich verbrachte meinen Urlaub in der Nähe von, sagen wir, Kirchhellen; als männlicher Zeichner. Saß 1 Tages und skizzierte, in der Nähe meines Gasthauses. – / – : 1 offenes Auto kommt vorbei; darin 1 Herr & 1 junge Dame, (am Steuer). / Schönes Wetter; Hochdruck 770 Millimeter, (so recht für Teufel !); ich zeichne also am nächsten Tage weiter. (Eine Erlengruppe übrigens, am Bach; dazu, als Staffage, 1 badende Fünfzehn-jährige, mit großäugigsten Brüsten : raffiniert !). /Wieder kommt das Auto vorbei. Hält. Fährt weiter. – (Jetzt war ich meiner Sache sicher. Zeichnete also rüstijer-fürder.)

Beim dritten Mal steigt der bessere-ältere Herr aus, und stellt sich vor : – (irgend 1 Zechenbaron; Kunstliebhaber; Besitzer der großen Villa-drüben) : »Sie haben sie vielleicht schon gesehen ?«. (Auch große Güter im Hannoverschen; wo er aber, aus familiären Gründen, zur Zeit nicht wohnen möchte.) : »Wär' mir 1 Ehre & 1 Vergnügen, wenn Sie morgen bei mir essen könnten – ?«

((Natürlich hatte meine Diabolessa angenommen : Now the pole-star 's red & burning, and the witch'e's spindle's turning. – Ich fing, in gespielter Gleichgültigkeit, an, meinen Hosenumschlag auszuräumen – da findet man nicht selten die nachdenklichsten Sachen drin : Sand, klar; Steinchen; Haare, (auch von Pflanzen); kleine Schlüssel. Während sie weiter von der verrückten Gesellschaft erzählte.))

: Ich gehe also; und treffe dort die Gesellschaft. / Er : akademisch gebildet; total verwahrlost, und lästerlich reich; glänzende Einfälle zu Literatur & deren Geschichte. Die first Lady, eine Mätresse, 25, bild-hübsch : halb Burne-Jones halb Rubens, und also wahnsinnig aufregend !, soff sich Kehle & Magen ab. Eine greis-energische Haushälterin, die aber ihren Grimm in sich hinein fraß; (einmal war sie schon geflogen; der Besitzer war kalt in ‹Hinsicht; und nur auf jahrelanges Bitten wieder eingestellt worden : jetzt wußte sie's besser !) : sie wohnte in einem der Klo's, schlief in der Badewanne, und aß, aus fanatischer Spar-samkeit, nichts als kalte Kartoffeln; sie war von Adel. – Außerdem 2

123

andere Gäste : der Eine ein Atheist; der, einen hellroten seidenen Strumpf in der Brusttasche – sein Geld war darin; und 1 Zahnbürste – in der großen Bibliothek saß, und mit giftigem Lächeln CANDIDE las : 1 von Voltaire eigenhändig signiertes Exemplar ! Der Andere ? – : 1 Studienfreund des Besitzers. Jetzt ruiniert, und so durstig, daß er regelmäßig nachts um 3 aufstand, ins Eßzimmer hinunterklomm; und dort sämtliche Reste austrank. / Ich blieb im Ganzen 6 Monate dort. (‹Mit Genehmigung› natürlich.) : Ich habe während dieser Zeit kein Trinkwasser gesehen ! Es gab nur Bier, Champagner, Asbach. Morgens ein, wohl aus Ironie so genanntes, ‹Bauernfrühstück› : nischt wie Makkaroni, Kartoffeln, Corned Beef, Eier, saure Gurken, Undsoweiter, durcheinander gebraten; (– *den* Bauern möcht'ich sehen, der dergleichen frühstückte ! : Die verhungern ja lieber; mit'm Brot unter'm Arm.); Getränke : Bier, Champagner, Asbach. Mittags Hammelkeule, (o.ä.); Getränke : Asbach, Champagner, Bier. Abends Schwedenplatten, groß wie Klosettdeckel; Getränke : Champagner, Bier, Asbach. / 6 Monate; wie gesagt.

Eines Tages erschien die Tochter; 13 Jahre alt; und von der geschiedenen Mutter – um den Vater zu ärgern – in jedem, nur vorstellbaren Laster erzogen. Weißblond mit rosa Augen, trank sie wie Bacchuspersönlich; (oder Joyce; oder Reuter. »Er frisset fürchterlich« : Jean Paul über Goethe.) Ich sah sie zum ersten Mal als die Schaukelnde & ihr Schatten. Sie entdeckte mich, wie ich an einem Schreibtisch saß – das war gar kein Schreibtisch; das war ein hölzener See !. Sie nahm mich einfach mit auf ihr Zimmer – also so ein Zimmer hasDu noch nicht gesehen !

: 8 Fenster, umgeben von rauschenden Bäumen : an den Pfeilern, zwischen den Fenstern, Riesenspiegel, in denen sich jene Pappeln vervielfachten – das rieselte & raschelte, daß ein Heiliger nervös geworden wäre ! / (*Wieviel* Zimmer die Villa enthielt, und *Wer* sie bewohnte, wußte übrigens Niemand mehr; nicht einmal die Gewährsfrau, die Wirtschafterin.)

Dabei 1 begabtes Kind ! : »Die Oberflächen der Dinge sind wichtiger als ihr ‹Wesen›« behauptete sie; machte aus ‹Nofretete› ein ‹n' offre tête›; warf sich auf den kleinen Rücken, und wir zuckten 1 zeitlang, (und die Sperlinge delirierten dazu. Und das rote wimpernlose Tigerauge des Elektro-Boilers nachher.) Aus dem Badezimmerfenster sah ich den Besitzer, wie er seinen Gutshof fegte : eine Mütze mit weißrotem Band auf, (wie städtische Müllabfuhren); die Mätresse lümmelte daneben, in lauter Hederich, Melde und Franzosenkraut; Potz

Ekhel & Ingrim; sie bestand ja nur noch aus Mittagsschläfchen, Früh-Stückungen & Suff.

– so ein Leben habe selbst ich selten geführt ! 4 Autos, vom dieselndsten Mercedes, bis zu 1 JANUS – das ganze Haus war rundherum ‹Janus›. / Er verschenkte aus Bosheit, um präsumtive ‹Erben› zu ärgern, von den kostbarsten ‹Gesammelten Werken› die Bände einzeln-treuherzig : »7 & 8 kriegt Erna; 3 bis 5 Heinz. Ein paar werfen wir weg.« / (Und dabei immer diese fantastischen Einfälle ! : Das 13jährige Geschöpf sollte einen Schulaufsatz über Romantik schreiben, und bezeichnete Hoffmanns ‹Egelprinzen› aus dem MEISTER FLOH auf der Stelle als ‹fallisches Sümbol›). / Die, amerikanisch geschulte, Mätresse, dissertierte über die Stellen, wo Frauen ‹Schweißblätter› tragen – »Halt's Maul !« durfte man zu ihr nicht sagen; »Halt Dein Dotter-Maul !« ja; das wiederholte sie mentaliter, stutzte, 'much wampum for little word' : so dankte sie, mit Herzenmundundhänden. Gott geb'ihr 1 höllische Nacht.

Der Grandseigneur war imstande, aufs geistreichste die Beziehungen Stifters und Leopold Schefers zu analysieren; – (»Tant mieux« sagte der Atheist, der Stifter nicht ausstehen konnte.) / Der ‹Studienfreund› behauptete prahlerisch : »Wo ich küsse, bleibt ein blauer Fleck !« – dabei konnte er gar nicht mehr; (mißbrauchte aber Sternschnuppen zu erotischen Wünschen.) / ((1 der tollsten Unterhaltungen – aber das ist eine Erzählung für sich – war, als wir, an offener Tafel, in Gegenwart und hitzigster Mitwirkung der Damen, freimütig erörterten : ‹Wo eine Frau, vorausgesetzt, daß sie wählen könne, ihre Pickel, Warzen & Runzeln würde haben wollen ?›))

(Dann noch der ‹Ausflug ins Grüne› – präziser ‹Blaue› ! – wo, immer abwechselnd, rechts die Mätresse, und links die Tochter aus dem Auto fielen; man hatte diesmal das NASH-Cabriolett gewählt.)

Zum Schluß legte sich die Mätresse auf ein Sofa, und begann zu sterben. Warf unsichtbare Messer in die Luft, und fing sie, mörderisch, wieder auf; (wollte auch Jemandem ‹das Herz aus dem Leibe schneiden› – WEM, ist nie bekannt geworden.) / Endlich starb sie. Wurde beerdigt. / Und nach dem Leichenbegängnis ging die Gesellschaft auseinander.

3

1 *Viertelstunde etwa* mochte ihre Vorlesung gedauert haben. (Die ‹Pointe› übrigens sah ich nicht ein. Es sei denn, als ‹Sittenbild› ? – Sie nickte bestätigend. Wirtschaftswunderlich.) / Dann heiterte der Himmel sich

ebensoschnell wieder auf, als er zuvor getrübt und verfinstert worden war. Wir ergriffen unsere Fahrräder; (nachdem sie noch gelobt hatte, wie würdevoll ich die Geschichte eines Anderen ertragen hätte : das kann nich jeder !). / Wir schoben die Gestänge vor uns her. Erst über die übliche, waldtextile Bodenbindung aus Lichtgräten & Schatten, Potz Elsner & Tiepolt. Dann über'n Bach, der lehmig zu brausen versuchte (und sukzedierte : hochdenhang !).

Am ‹Schützenhaus› vorbei : ob die Polen jetzt-hier-noch üben ? – Als ganzjunger Kerl war ich oft, den Gepäckträger voller Träume, da vorüber geschusselt. –

Aufderchausseewieder : wir waren sehr überrascht, das Bild des Mondes doppelt zu sehen ! / Wir riefen uns sofort gegenseitig an : er stand ungefähr im letzten Viertel, etwa 50 Grad über dem Horizont in Südwest zu West. Und hatte, gegen West, ungefähr in 45 Grad Neigung, gegen den Horizont, 1 an Größe ihm völlig gleiches, nur nicht ganz so helles, Nebenbild ! Die Ränder beider Scheiben berührten sich. Der Himmel war jetzt ganz mit dünnem Florgewölk überzogen; und ich glaubte deutlich wahrzunehmen, daß bei vorüberziehendem dichterem Gewölke das Nebenbild nicht in eben dem Grade an Licht verlor, als der Mond selbst. (Was mir für die Entstehung des Bildes in den niedrigsten Wolkenschichten zu sprechen schien : ?). / Meine Teufelin wunderte sich über gar nischt mehr. Murmelte nur etwas à la ‹WASERWOHLWIEDERVOR-HÄTTE ?›. – Ich ermahnte sie, unwillig, sich zu wundern ! – Sie wunderte sich.) –

Also ließen wir die Räder wieder laufen. / (Gespräche über AFANAS-JEW : ‹Die zoomorfen Gottheiten der Slawen›. Auch, als der Scheunen-rand Laubans näher kam, über den, am ganzen Leibe behaarten, DOMOWOJ.)

Eine Fabrik ? : »Da drin liegen die Uniform'm, in denen Wir-dann, nächste Woche,‹polnische Attachés›, als ‹Beobachter› an den Manövern teilnehmen.« (Wir feixtn, Beide, bei der Vorstellung : wie FAUST die bonner Bundeswehr besichtigt. Womöglich den ‹Jahrgang 22›. Mußt'n dann aber stark Rücktritt nehm'm. – : noch mehr. –). –

Glomm 1 Licht im ersten Haus ? / – (war doch erst halb Vier ! : ?) – / –
: 1 Henkelmann, mit Blechkännchen trat aus kwarrender Gartentür : warmer Kaffee : in linker Hand !. / (Er summte – : »Was ?«. – Und Dämona, zu meiner Rechten, übersetzte's gefällig)
: ‹Kde dommow muj ?› : Wo steht mein Vaterhaus ? ...

AUF DEM RÜCKEN ERZÄHLT

Durchs Fenster sah man unten die Regenstraße, aus Teerflicken und Schwarzglaspfützen; oben das Himmelspolygon, hübsch klein. An der Seite das Totenlicht des Mondes; darunter die Morgue von steifen Wolken in fatalen Laken. Wir spitzten mißbilligend die Münder und gingen sofort wieder in die Ofenecke zurück. Frau Doktor betrachtete mich nicht ohne Wohlwollen; stellte mir den Liegesessel noch peinlich-bequemer, so daß ich fast auf dem Rücken lag, ich, immer wieder von Flammenfexen angesprungen; sie selbst lehnte korrekt und rauchte.

Frau Doktor war Vierzig, unverheiratet, Studienrätin; und so gescheit, daß ich mit meinen ungeordneten mooskrausen Kenntnislein mir durchaus verdächtig vorkam. Heute hatte sie zudem noch das rote Kleid an, das mit den schwarzen Punkten; und es war mein Erzähltag, so daß ich trotz der intim kleinen Gesellschaft – wir waren, wie meistens, allein – wieder schrecklich verlegen war.

Also blieb nur Norwegen; und ich fing an von den drei Geologen, die ich dort einst im Dovrefjell getroffen hatte : die herrlichste Gesell-schaft von der Welt; besonders für Geologen ! Ihre Art ist, bei jeder Klamotte anzuhalten, bei jeder Erdschicht Andeutungen zu machen. Sie zerschlagen alle Steine, angeblich um zu sehen, wie die Welt gemacht worden ist. Man zeige ihnen eine majestätische Felspyramide, und es ist bestenfalls ein Lakkolith; spricht man vom Gletschereis, so debattieren sie tiefsinnig, ob etwa Pfahlbauern darin eingefroren seien, mitsamt ihrem Torfspitz (hübscher Name das; ja).

Halbwegs zwischen Dombas und Jerkin brachte ein elender Stein-block, auf dem ich saß, die Herren ganz außer sich; ich mußte wahrhaf-tig aufstehen und ihnen meinen Sitz zur Beute lassen ; während sie ihn in Stücke schlugen, schlich sich meine Person still davon.

Wenn ich also auch den Geologen selbst aus dem Wege gehe, liebe ich doch ihre Wissenschaft, zumal im Spätherbst. (Frau Doktor lauschte hinter einem Orionnebel von Zigarettenrauch; auch sonst hätte man ihre Augen nicht sehen können, denn sie trug natürlich eine Brille.)

Nichts ist behaglicher, als bei einem drallen Feuer über die Bildung der Gebirgsmassen, die man im Sommer besucht hat, zu debattieren, über Vulkane, zertrümmerte Planeten, Petrefakten plaudern zu hören.

Kommt man gar in die Paläontologie, so müssen mir gleich die Mammute und Gigantosaurier an den Tanz : man denke sich dergleichen Behemoth, wie er im Steinkohlenwalde hinspaziert und seine Brut mit Elefanten füttert, etwa wie unsere heutigen Eidechsen die ihre mit Brummfliegen : es lebe das Malerische !

Mein Blick mäanderte verlegen im Zimmer herum. Frau Doktor erhob sich (sie war so groß wie ich, 1,80 Meter), zog die Kognak-Flasche aus ihrem Papprisma und schob mir das grüne Stehaufmännchen (englisch tumbler) herüber : hatte ihr schon die Einleitung nicht gefallen, und ich sollte mehr Gas geben ?

Gehorsam trinken; der Wind pfiff weiter seine Zwölftonakkorde; und ich erzählte die Schmugglergeschichte von 1944 : Vierzehn Pascher, jeder mit einem Sack besten schwedischen Schießpulvers beladen, waren des Weges gekommen. Der Hinterste in der Reihe bemerkte, daß seine Last immer leichter wurde. Das tat ihm an sich sehr wohl; doch kam ihm bald der Verdacht, ob er solche Wohltat nicht auf Kosten seiner Pulverbürde genieße ? Leider ja : der Sack hatte ein Loch, und die Spur war unverkennbar in den Grenzschnee gezeichnet. Er schrie entsetzt sein »Halt !«; worauf zunächst jeder der Vorangehenden erst einmal die Last abwarf und sich auf seinen Sack setzte, um einen Schnaps zu genehmigen.

Dem Letzten war indes ein sinnreicher Einfall gekommen : Er ging zurück so weit der Pulverstreifen reichte, berührte ihn am Ende mit seiner Zigarette, in der klugen Absicht, die verräterische Linie zu vertilgen. Drei Sekunden später hörte er einen seltsam vollen Donner, der durch den vielfachen Widerhall von den Bergwänden und das schwermütig-schöne Fortrollen durch die Täler ihm keine geringe Überraschung verursachte : den ganzen Lärm aber hatten die vierzehn Säcke gemacht, die, von der Zündung erreicht, in die Luft geflogen waren.

Pause. Der Wind stieß einen in Noten gar nicht wiederzugebenden spiritistisch-schwachen Entsetzensschrei aus. Allerdings : inklusive der Vierzehn, die auf den Säcken einer wohlverdienten Ruhe hatten pflegen wollen. C'est la guerre. Pause.

Die Zigarettenschachtel stand hinter mir. Sie erhob sich mit lindem Katzenschritt. Über mich gebeugt (das heißt, zur Zigarettenschachtel natürlich !) : unübersehbar, riesenhaft war ihr Kleid; rote Wüste, mit schwarzen Felsstumpen. Auch das Gesicht schwebte endlos; die Brillengläser hingen wie zwei starre, gefrorene Seen über mir (in deren Grund ich phantastisches Ungeheuer mich nicht bewegte). Und der Trabant, Planetoid, o du mein Satellit, stieß mit mir zusammen.

STÜRENBURG-GESCHICHTEN

EIN LEBEN IM VORAUS

Natürlich nahmen wir nur eine Ecke der Terrasse ein. Apotheker Dettmer saß ängstlich-selig auf der Vorderkante seines Korbsessels, und blies in die fürchterlich dicke Brasil; der Mond stieg eben am Faden seines Rauches aus den Büschen, und ich konnte zwanglos die beiden runden gutmütigen Gesichter vergleichen. Der pensionierte Hauptmann – wo hatte ich den Namen »von Dieskau« denn schon in der Geschichte gehört ? – füllte noch geschwind zwei Slibowitze in sein dürres Skeptikergesicht. Frau Dr. Waring rief vorsichtshalber ihrer Nichte zu : »Emmeline, hol mir doch ein paar Voilchen.« (denn bei Stürenburgs Geschichten wußte man ja nie ! Die Kleine verzog sich auch; ich sah ihren Dutt jedoch mehrfach hinter einem neugierig-nahen Fliederbusch.)

Vermessungsrat a. D. Stürenburg strich, nachdem er wohlwollend alle diese bekannten Manöver seines abendlichen Kreises abgewartet hatte, mit einer schlangenmenschenhaft geschickten Bewegung des Kleinfingers die Asche von der Zigarre, musterte noch einmal den Rundhorizont (wahrscheinlich um zu überprüfen, ob auch noch alle TPs an ihren vorgeschriebenen Plätzen wären), und seufzte das einleitende behagliche »Tjaaa«. Der Hauptmann sah hoch mißtrauisch aus; Dettmer stieß begeistert in die Brasiltrompete; und er begann :

»Na, ich war damals noch ein ganz junger Mensch – ä – kaum das Staatsexamen gemacht – da rief man uns zu einem Vermessungslehrgang nach der Wingst zusammen.« (Hannoversche Geographie mußte man kennen, sonst war man hier verloren !). »Wir maßen unter anderem zweimal die Braaker Basis mit dem Besselschen Apparat nach. Und hatten überhaupt viel Spaß.« (Ich nickte so voreilig, um die Historie zu beschleunigen, daß er mich überlegen fragte; aber ich wußte zufällig die ehrwürdigen Namen Schumacher und Andreae, und er knurrte befriedigt-enttäuscht).

»Da war unter uns Einer, nicht anmutig, noch weniger elegant. Eigentlich nicht nach meiner Weise; aber seines unerschütterlichen Phlegmas wegen von Allen geachtet : ihn wegen seiner poetischen Ader zu tadeln, wäre wohl keinem von uns in den Sinn gekommen. Merkwürdig war es an ihm, daß er eben zweimal eigentümlicher Todesgefahr entgangen war : einem schweren Fieber. Und vor einigen Tagen wäre er fast in den Ostemooren versunken, hätten ihn nicht zwei andere Lehrgangsteilnehmer gerettet.« (Hier knurrte der Hauptmann verächtlich und meckerte, ganz soldatische Überheblichkeit).

»Eigen war es nur, daß er sich abends meistens aus unseren Belustigungen losriß – wir spielten viel Schach; oder machten uns den Spaß, die Krümmungsradien der Marsoberfläche zu berechnen – unaufhaltsam eilig, und immer versicherte, er müsse ‹Briefe schreiben› : dabei wußten wir genau, daß er kaum jemals welche erhielt ! Nun, also man lachte, und ließ die Grille gut sein; auch schien er sie zu ernsthaft zu nehmen, als daß man Scherz damit hätte treiben mögen.«

Ein Windstoß wehte von der weiten Fläche des Sees her, und pustete einen Knecht herein, der stammelnd berichtete, die Oberfläche stände $^{37}/_3$. »$^{37}/_3$?« wiederholte Stürenburg giftig : »Also die Kerls können doch nie das gleiche Niveau für 8 Tage beibehalten ! Ä–s' gut Hagemann.«

»Also eines Abends würfelten wir – nicht um Geld, Herr Hauptmann : neinein ! – lediglich um praktisch die Theoreme der Wahrscheinlichkeitsrechnung nachzuprüfen. Da kam er herein, und wurde ganz ungehalten, als wir immer durcheinander würfelten und schwatzten : kein vernünftiges Wort könne vor dem Geklapper aufkommen, o Gott, behauptete er, und ging halb verdrießlich von hinnen. Ich fühlte mich – aus irgend einem Grunde – seltsam bewegt; ging ihm nach, und fand ihn noch im Treppenhaus. Ich streckte ihm die Hand von oben nach unten hin, und fragte ‹Nicht wahr, Broesicke, wir scheiden doch nicht im Unwillen ?›. Er drückte sie mir kurz und sagte – er war der Ältere – gutmütig : ‹Neinnein, Geodätchen; wir haben einander beide lieb : Wiedersehn !›«

»Am nächsten Tage bekamen wir die Aufgabe, alle weit zerstreut in der Nachbarschaft, Gemeindegrenzen nachzumessen. Er kam ans äußerste Ende, weit hinter Lamstedt, und wurde von einem Bauern, der anscheinend mit Grenzsteinen gespielt hatte, mit einem Knüttel erschlagen.« (Der Apotheker gab seinem Kreisgesicht einen gerührten Ausdruck, und faltete fromm die dicken Hände : Ach !).

»Da lag er nun vor uns, mit eingeschlagener Schläfe. Seine Papiere wurden von uns gemeinsam durchgesehen; und da fand sich auch, was er in jener rätselhaften Korrespondenz aufgezeichnet hatte : Briefe an seine zwei liebsten Freunde im Lehrgang. Aber auf viele viele Jahre voraus, die er niemals schauen sollte. Die Freunde und er selbst waren längst pensioniert; und lebten auf ländlichen Besitztümern, glücklich

132

verehelicht, und von bereits erwachsenen Kindern umblüht. Sie luden einander ein zu fröhlichen Besuchen, des Lehrgangs gedenkend, als einer mühevollen, aber nun heiter aufleuchtenden Vergangenheit – wie glücklich, wer das alles in Wirklichkeit erlebt hätte! – Tja. Die Poesie ist doch wohl, – wie die Geodäsie – ein allgegenwärtiges Wesen!«

»Ja, und was wurde aus dem Bauern?!« schnarrte der Hauptmann unzufrieden. »Der Bauer –« murmelte Stürenburg. Pause. Vom Dümmer her seufzte ein schmächtiger Wind. Die Zigarren glühten verfänglich. Bald würde es Sommer sein.

»Der Bauer? : Nein, zum Tode nicht. Damals mußten die Richter noch der Hinrichtung persönlich beiwohnen, und scheuten deshalb arg davor zurück. Er hat Zuchthaus lebenslänglich bekommen. – So viel ich weiß –« er breitete entschuldigend die Hände, »sitzt er heute noch. – Tjaaa.«

Emmeline kam, genau nach beendigter Geschichte; und wir empfahlen uns für heute.

DAS HEULENDE HAUS

Der Wind pfiff lauter; zuweilen schraffierte Regen blitzschnell die großen Glastüren des Eckraumes, wohin wir uns heute geflüchtet hatten; und wir alle betrachteten nicht ohne Vergnügen die Glut, die Hagemann mit einem mächtigen Blasebalg hinten im Kamin heller anfachte.

»Das ist recht, Herr Rat« sagte Frau Dr. Waring befriedigt; und dann seufzend : »das will nun ein Mai sein ! – Ich glaube, die Erde muß sich gedreht haben.« Der Hausherr, Vermessungsrat a. D. Stürenburg, hob leicht befremdet die Hand : »Ja aber meine Gnädigste : die Erde dreht sich doch beständig !« »Ach, Sie wissen doch genau, wie ichs meine« schmollte die hagere Witwe über die Teetasse hinweg; und Apotheker Dettmer half dienstfertig : »Polschwankungen, nicht wahr, Gnädige Frau ?«. Sie nickte nur, den Mund augenblicklich zu voll des süßen Sudes; Hauptmann von Dieskau sah hoch ungläubig drein; aber Stürenburg lehnte auch diesen Erklärungsversuch des schlechten Wetters ab : »Freilich pendeln die Erdpole ständig – das hat mein alter Lehrer Küstner damals zuerst nachgewiesen; und zwar in einer Art von Kreisen oder Ellipsen um den idealen Mittelpunkt. Aber diese sehr langsamen Schwankungen betragen nie mehr als rund zehn Meter nach allen Seiten. Außerdem werden die Bewegungen von bestimmten, zu beiden Seiten der Pole gelegenen Stationspaaren aus laufend kontrolliert : man muß ja jederzeit angeben können, wie sich die geographische Breite eines Ortes verändert. Zehn Meter ? Das sind immerhin der dritte Teil einer mittleren Bogensekunde, und darf also nicht vernachlässigt werden.« Merk Dir das Emmeline« sagte Frau Doktor scharf zur Nichte, die ihr gar zu versunken das lohende Holz beträumte.

Die gläsernen Ungeheuer des Windes berannten nächtiger das Haus. »Die armen Seeleute« fiel der Witwe ein; »Die armen Soldaten« knurrte der Hauptmann; der Apotheker öffnete den Mund, schloß ihn aber verlegen wieder : ihm fiel nichts ein, um auch seinen Beruf herauszustreichen, »die armen Kräutersammler« hätte ja kaum Mitleid erregt ! Stürenburg beobachtete ironisch den Wettstreit; dann entschied er : »Die armen Landmesser ! Bei solchem Wetter jahraus jahrein auf den Straßen; abends womöglich in schlechten Unterkünften –« er winkte bedeutend ab, legte die linke Hand in die rechte Achselhöhle, hielt die Zigarre beschaulicher, und begann :

»Als ich, lange vor dem ersten Weltkriege noch, meine praktischen Jahre als Topograph abmachte, bekamen wir, wenn wir auswärts arbeiteten, an Tagesgeldern die enorme Summe von 5 Mark. Die Herrlein heute erhalten 30, –, und haben jeder ein Auto. Wir hatten Fahrräder, und mußten uns – wir waren ja sämtlich nicht vermögend ! – soviel Bücher und eigene Instrumente anschaffen, daß wir, um die besagten 5 Mark beiseitelegen zu können, auf die tollsten Ideen verfielen. Ich war damals Rotenburg zugewiesen; bekam als ausgesprochener ‹Junger Mann› natürlich den entlegensten Bezirk, unten bei Visselhövede – und bedachte eben traurig, daß ich nun doch wohl mein Geld würde ins Wirtshaus tragen müssen, als mich der Kollege, den ich ablöste, beiseite nahm. Wir fuhren mit dem Rade eine halbe Stunde weit, auf immer dunkler werdenden Seitenstraßen, und hielten endlich kurz vor Stellichte, bei einem einsamen, halb verfallenen Hause an. Er winkte mich gar noch seitwärts in den dicken Wald, um sich dem Gebäude unauffälliger von hinten nähern zu können. In einem Tannicht stellten wir die Räder ab; schlossen sie an; schnallten die Theodoliten vom Gepäckträger, und traten ein.«

Er atmete tiefer vom süßen Rauche, und sah sich verschlagen im Kreise um : »Wir sind ja alles Leute mit starken Nerven ? –« schlug er vor. Der Hauptmann ließ nur verächtlich sein EK Erster funkeln; Dettmer nickte, etwas zu eifrig, während die Damen bange und wortreich ihre Tapferkeit bestätigten.

»Selbst ich trat zunächst zurück« brummte Stürenburg »denn auf den verdächtig leeren Dielenbrettern lag – ein Totenschädel !« Da niemand Einwände erhob, fuhr er sogleich fort : »Mein Kollege bemerkte nur ‹Aha› oder dergleichen Unverbindliches und : ‹Da ist schon jemand da›. Über nur noch halb erhaltene und sich unangenehm durchbiegende Treppenstufen ging es bis unters Dach. Er klopfte diskret an eine Tür; lange – ich konnte damals noch nicht morsen – und verstand es nicht. Darauf rief es leise ‹Herein›. Und in der lichtdicht verhangenen Bodenkammer saßen auf niedlichen Hockern zwei Männer : ein Landmesser, von der Konkurrenz Fallingbostel; und ein Herr in Lincolngrün, ein Forsteleve, wie wir uns vorstellten. Sie hatten zwischen sich ein Schachbrett und eine Flasche billigen Weines; den Wänden entlang waren schon zwei Deckenlager ausgerollt. Man vereidigte auch mich kurz, unser Gespensterhaus niemals zu verraten; und ich besiegte dann erst einmal die beiden Schachspieler, einen nach dem anderen.« Er blies die Backen wohlgefällig auf : »Da habe ich dann noch manchesmal billig übernachtet. Oft in Gesellschaft von Förstern, Vermessern und Landgendarmen. Der erste der ankam mußte immer die diversen Gebeine und Totenköpfe ‹legen› – zum Beispiel baumelte auch einer auf der Treppe, und hätte unwissenden Eindringlingen einen gräßlichen Kuß versetzt.« Der Regen morste flinker; der Wind johlte unermüdlich; die Tante markierte ein Gähnen, obgleich sie sichtlich noch an dem ‹beinernen Kuß› zu verdauen hatte. Der Apotheker richtete sich männlicher auf : »Wieso Gespensterhaus : gibts denn sowas heute noch ?«. Stürenburg sah ihn über die Brille hinweg an, während er langsam antwortete :

»Das ‹Heulende Haus› war so verrufen in der Gegend, daß der Bauer die Pferde rascher vorbeitrieb, und bei Dämmerung oder gar Nacht sich ihm Niemand genaht hätte. Alte Leute im Dorf unten pflegten zu erzählen, daß sogar die benachbarten Bäume zuweilen schreckliche Stimmen bekämen; und ein 95jähriger schwor Stein und Bein : er selbst hätte als Kind die klagenden Schreie mehrere Tage hintereinander gehört. Einmal hatte ein aufgeklärter Ortsvorsteher das Gebäude abbrechen lassen wollen : da hatten selbst die Balken ein so zorniges Gestöhn von sich gegeben, daß die Zimmerleute entsetzt die Äxte liegen ließen. Tja.« Er rauchte geduldig während wir unsere Entrüstung über derlei Aberglauben kundgaben; als wir uns endlich ausreichend als Kulturmenschen gefühlt hatten, strich er sorgfältig die lange Aschenspitze in die Achatschale :

»Ich war zufällig in der Nähe, als der zuständige Förster – auch einer der Eingeweihten – Holz dort schlagen ließ. Besonders war es mir um eine Prachteiche leid; aber er wies unwiderleglich nach, daß der Baum vollständig kernfaul und längst schlagreif sei. Als er schon auf der Erde lag, und die Arbeiter ihn spalteten, rief mich auf einmal sein Schrei herbei : mitten in dem mächtigen Stamm stak, den Kopf nach unten, ein menschliches Skelett !« Er strich unwillig unsere beteuernden und entsetzten Hände beiseite. »Man fand noch Fetzen uralten französischen Uniformtuches, und, halb versteckt im Holzmoder, ein paar kleinere Münzen.« Grimmig : »Vielleicht ein Marodeur, der von wütenden Bauern verfolgt wurde, sich auf den Baum flüchtete, und in ihm versank. Er muß sich durch den Sturz so fest eingekeilt haben, daß ihm die Arme an den Körper gepreßt wurden, und keine Möglichkeit zum Entkommen mehr war : kein Wunder, daß der Baum tagelang heulte und schrie, und daß Niemand mehr in dem ‹Heulenden Haus› wohnen mochte.«

An diesem Abend wurde es nötig, Frau Doktor nach Hause zu begleiten.

SOMMERMETEOR

Schon von weitem hörte ich, wie das Klavier unter Emmelines Pfötchen nervös brüsselte; dicke Blasen stiegen auf; im Baß blubbte es manchmal suppen (und mir war wieder, als stände ich als Junge vor meinem Aquarium : da hatten sich die Luftfontänen auch immer so hochgewriggelt. Gleich wedelte Wind mit dem heißen Schleierschwanz, alle Büsche fächelten sich voll algengrüner Gebärden. Schon sah ich Hagemann, der mit vergrätztem Gesicht die hellen Gläser servierte – scheinbar ‹Lacour Blanc›, den weißen Bordeaux : umso besser !).
Zur Begrüßung hielt mir Vermessungsrat a. D. Stürenburg die mächtige zweischalige Taschenuhr (in Bergmannskapsel) vors Gesicht : ? ! Ich versuchte, mich mit allerlei Besuchen zu entschuldigen : des Verlegers, der Muse, (»Gerichtsvollzieher !« schnarrte Hauptmann von Dieskau höhnisch dazwischen); es gelang mir jedoch, so schuldbewußt und geknickt Platz zu nehmen, daß Verzeihung unumgänglich schien. Apotheker Dettmer – das Bärtchen an seinem zartrunden Gesicht sah mehr denn je wie Nylon aus – erklärte mich sogar für ‹überarbeitet› und ‹hohlwangig›, und wagte empfehlend auf die von ihm erfundene Universalmedizin ‹Virgisan› anzuspielen : ? Aber so höhnisch schnarrte es rings, daß er sofort flehend die Hände faltete, und sich in die stroherne Muschel seiner apart-unbequemen Sitzgelegenheit zurückzog.

Emmeline maulwurfte erst in der Mitte des Benedetto Marcello; ich zehenspitzte behutsam hinein (angeblich, ihr die Noten umzuwenden; in Wahrheit, um mir die Zeit zu vertreiben : ich bin ausgesprochen unmusikalisch, ich hatte wohl schon gesagt, daß mir dabei höchstens Fische einfallen, oder so was).

Vorm Bücherregal. Ich griff eins heraus, dessen Farbe mir leidlich ins Gesicht fiel; dunkelgrüner Lederrücken mit hellgrünem Schildchen : ‹J. A. E. Schmidt, Handwörterbuch der Französischen Sprache. 1855›. Ich schlug aufs geratewohl auf, Seite 33 : ‹Auget = Leitrinne, in welcher die Zündwurst liegt› – ich kniff mich in den Oberschenkel, um mich meiner Existenz zu vergewissern : Zündwurst ? ? ! ! (und dieses ‹auget› würde ich nun nie mehr in meinem Leben vergessen; ein gußeisernes Gedächtnis ist eine Strafe !). –

Wieder draußen (und Stille; kein Klavier trappelte mehr). Wohl-

137

frisierte Sommerwolken wehten über uns hin. Über dem fernen See funkelte's abendlich; noch war Sommer, Sommer (und doch fröstelte mich schon wieder, wenn ich an die Totentänze der Chausseebäume dachte : im November, im November). Den Kuchen hatte diesmal Frau verw. Dr. Waring gestiftet; hausmachern; höchstens geologisch interessant (ich flüsterte es zu Hauptmann von Dieskau, und er prustete militärisch : sehr gut !).

»Ach : Daa ! !« Emmeline zeigte mit dem Kuchenkeil auf den Meteor, der, sinkend, im Dunkelblau eine schöne Spur hinterließ : ! Ich erlaubte mir, »Perséïden« zu murmeln; und Stürenburg unterstützte mich mitleidig. »Gewiß« sagte er, »von Mitte Juli bis Mitte August; Maximum am 11. – Andere verläßliche Schwärme sind die Orioniden (20. Oktober) und die Geminiden (10. Dezember). Tja.«

Pause. Dann wollte Keiner dahinten bleiben; Dieskau hatte natürlich am 13. Februar 1913 ganze Prozessionen von Meteoren in Canada gesehen; ich selbst hatte, ungefähr 32, zwischen Görlitz und Lauban eine Feuerkugel beobachtet (fuhr gerade mit dem Rade entlang, als ganz junger Mensch; so um die 20). Aber Stürenburg bremste uns Alle – durch Nicken, durch Handgaukelei : man kam gegen den Mann nicht auf ! (Ist *das* vielleicht ein Vorzug des Alters, Life begins at 70, daß man alles verläßlich besser weiß ?).

»Dextrocardie« sagte er langsam; und zur Erläuterung : »Es gibt Leute, bei denen das Herz *rechts* sitzt : tatsächlich !«. Er blies in seine Zigarre, daß sie Funken sprühte, wie ein Meteor; und fuhr fort : »Ich studierte damals in Göttingen; und ein Freund hatte mich mit philosophischen Gründen überredet – ich hörte auch ein Semester Anatomie. Nun wohnte damals in der Weenderstraße ein armer Studiosus Medicinae zur kümmerlichen Miete, nebst seiner sechzigjährigen Mutter und einer Schwester. Er gab rastlos Nachhilfestunden; die Schwester klöppelte Spitzen ums liebe Brot; und als die Mutter starb, standen sie vor der Wahl, entweder für die Begräbniskosten gepfändet zu werden ...« (hier spitzte Dieskau verständnisinnig Hände und Ohren : »Oder ?«).

»Tja, oder« entgegnete Stürenburg : »Diese Mutter nämlich hatte, wie ich schon andeutete, das ‹Herz am rechten Fleck›. Und war also ein medizinisches Mirakel, nach dem sich jeder Anatom sämtliche zehn Finger geleckt haben würde. Unser junger Mann geht also in seiner Verzweiflung zum Professor, und offeriert ihm die einmalige Rarität zum Anatomieren – der schlägt begeistert ein : für 500 Mark.«

»Emmeline !« rief hier Frau Dr. Waring, die mit steigender Besorgnis gelauscht hatte : »Mein Kind : Hol' mir doch bitte den Sonnenschirm vom Seeufer !« Die Kleine gehorchte schmollend (und ich schwankte einen Augenblick, ob ich sie nicht begleiten sollte ? – Aber nein : erst mußte diese neue Anekdote gültig fixiert werden !).

»In der letzten Nacht also, da er ganz allein die Totenwache bei der schon im Sarg liegenden Mutter hält, nimmt er den Leichnam heraus, wickelt ihn in eine alte Decke, und versteckt ihn auf den Hausboden, hinter den Schornstein. An dessen Stelle füllt er Stroh und Steine in den Sarg, und vernagelt ihn aufs festeste : der wird am folgenden Vormittag mit allen Ehren zur Erde bestattet . – Sobald es nun dunkelt, steckt er den mütterlichen Körper in einen alten Sack, um damit nach des Professors Haus zu wandeln. Unterwegs begegnet ihm ein Kommilitone, der ihn fragt, was er denn da auf dem Rücken schleppe ?« Stürenburg blinzelte mephistophelisch; fügte auch noch die näheren Bestimmungen hinzu : »Ein Augustabend. Wind schlich in Gassen. Überall in der Dämmerung begannen die Persëiden zu schwirren : genau wie heute ! – Der arme Schlucker macht sich ganz bestürzt von mir – äh : Jenem ! – los, und gibt zur Antwort : ‹Laßt mich nur zufrieden, Herr Bruder ; es ist nichts, als eine alte Baßgeige›.«

Pause. Dieskau, der alte Skeptiker, röchelte befriedigt; Dettmer wartete weit offenen Mündchens; und Hagemann hockte gleich einem verwitterten Götzenbilde unbeweglich auf der Terrassenmauer – sicher kannte er die Pointe schon !

»Am nächsten Morgen schon wurde die weibliche Leiche anatomisiert; die Umkehrung des Adernsystems gebührend bewundert; bei Zerlegung der partium genitalium warf der Professor scherzend ein : dies sei der Gelehrten und Ungelehrten allererste Studierstube. Worauf mir aus der Antike einfiel, wie damals Kaiser Nero seine eigene Mutter habe zerlegen lassen, und begierig zugesehen – worauf der besagte Student plötzlich in Ohnmacht fiel. – Wir wußten damals Keiner, warum; aber es wurde doch allmählich ruchbar und stadtkundig. Hm.«

»Und ? : Was wurde aus dem jungen Mann ?« erkundigte sich Dieskau rasselnd (und gefühllos : Soldaten sind schreckliche Menschen !).

»Er beendigte sein Studium auf einer anderen Universität« erklärte Stürenburg mit überlegen hochgezogenen Brauen : »So viel ich weiß, praktiziert er noch heute als angesehener Arzt in Bremervörde. – Tja.«

Die Witwe stöhnte nur; Apotheker Dettmer schwieg unangenehm ergriffen; und auch mir war es nichts weniger als behaglich : ist es tatsächlich ein Vorteil, wenn man so viel erlebt hat ? !

Über dem Dümmer entstand ein vorbildlicher Cumulus, für jedes Lehrbuch geeignet. Emmeline kam schnellatmig und seltsam erhitzt vom Strand zurück. Ein magerer Meteor zog eine Silberbraue über den Mond.

KLEINER KRIEG

Wir waren nicht wenig erstaunt, als das Faktotum Hagemann mit allen Anzeichen der Verstörung hereintappte, die Tür verschloß, auf Vermessungsrat a. D. Stürenburg zutrabte und sich über dessen Ohr neigte; zwar verstanden wir sein grobes Geflüster im Landesdialekt nicht, verzeichneten aber alle, wie auch dessen Gesicht erbleichte. »Na, laß ihn rein« entschied Stürenburg schließlich.

Gleich darauf erschien ein junger hochgewachsener Polizist in fescher Uniform, legte die Hand zackig vor den Tschako, ließ den Blick einmal in unserem Halbkreise umlaufen, wandte sich dann an Apotheker Dettmer : »Herr Vermessungsrat, ja ?«. »Nein – ähier bitte« sagte Stürenburg schwach; empfing das unangenehm amtlich-blaue Schreiben; und der Polizist, gefolgt von den wohlgefälligen Blicken Hauptmann von Dieskaus und Frau Dr. Warings, sowie dem bewundernden ihrer Nichte Emmeline, marschierte unbefangen wieder hinaus. Stürenburg schob den verdächtigen Umschlag bestürzt und angewidert weit von sich; auf eine Frage Hagemanns, der sich als alter Diener jede Freiheit nahm, ächzte er nur : »Jaja, von Polizeihauptmann Oberg«. »Schon wieder ?« schrie Hagemann entgeistert : »Das nimmt diesen Monat ja wohl gar kein Ende, Herr Rat ? ! Na, da werden wir doch wohl wieder mal nach Hannover zu unseren Freunden fahren müssen. «; er schwang den Feuerhaken wie eine Waffe, und entfernte sich unter bösem Gemurmel.

Stille, nur von dem schweren Atem Stürenburgs unterbrochen; endlich begann er :

»Damit Sie mich nicht etwa einer ungerechtfertigten Animosität für fähig halten, will ich Ihnen den Fall ganz unparteiisch schildern. Dieser ehemalige Polizeihauptmann Oberg – jetzt ist er, wie ich, auch schon 75 durch, und längst pensioniert – hat mir in meinem Leben wohl die meisten Unannehmlichkeiten gemacht. Wir haben zusammen das Gymnasium besucht; in Göttingen studiert – was heißt bei ihm schon studiert : in Jura und Volkswirtschaft hat er n bißchen rumgepfuscht ! –; und ein paar Jahre danach trafen wir uns in Rotenburg wieder, ich als Landmesser, er bei der Polizei. Wir waren uns stets widerlich gewesen : der Lehrer der ihn mochte, drosch unweigerlich auf mich ein – nun, unser Mathematikprofessor war 2 Meter groß, und hat mich oft gerächt. Unsere Post wurde vom Briefträger leidenschaftlich gern verwechselt. Nur in einem waren wir einig : wir fanden grundsätzlich dasselbe Mädchen hübsch.« Er meckerte so diabolisch, daß die Witwe indigniert hochsah; Stürenburg entschuldigte sich, und erklärte :»Damit habe ich ihm auch einen Streich gespielt : wir bewarben uns um dieselbe Schöne, brachten Geschenke im gleichen Tempo; und eines Tages ließ ich ihm durch meinen besten Freund im Vertrauen beibringen, ich hätte mich mit ihr verlobt. Spornstreichs rannte er, mich zu ärgern, hin, und brachte auch seinen Antrag an : der zu seiner unendlichen Verwirrung sogleich holdselig lächelnd angenommen wurde ! Er hat sie dann heiraten müssen; denn der Vater war Regierungsrat, und hätte ihm, gerade zu Beginn seiner Laufbahn, nicht unerhebliche Schwierigkeiten machen können : hähähä !«

Der Hauptmann feixte zufrieden ob solcher strategischen Feinheiten; der Apotheker erklärte feierlich, keinen Anteil an solch frevlem Spiel mit zarter weiblicher Neigung haben zu wollen; wofür er von Frau Dr. Waring ein huldvolles Nicken erhielt, sowie Nichte Emmeline die süßsäuerliche Warnung :»Hüte Dich, mein Kind, vor diesen Ungetümen. Du siehst ja . . . .« Stürenburg verbeugte sich verbindlich, und fuhr fort :

»Wie gesagt waren wir fast immer in derselben Gegend tätig; es gibt solche Fälle, wo das Schicksal förmlich Spaß daran zu haben scheint, divergente Naturen zu paaren. Als wir dann, jeder in unserer Sphäre, zu einiger ‹Macht› kamen, trieb der Zwist die wunderlichsten Blüten. Ließ ich Feinmessungen irgendwo in Straßennähe vornehmen, konnte ich sicher sein, daß schon wenige Viertelstunden später pausenlos schwerste LKWs vorüberrollten, so daß wir unsere empfindlichen Instrumente getrost wieder einpacken konnten : er hatte den ganzen Verkehr der Gegend über diese eine Chaussee umleiten lassen !«

»Keiner meiner Vermesser konnte sich ohne ein ganzes Arsenal von Ausweisen mehr ins Freie wagen. Er ließ jeden an seinen Wagen heranrufen, und hielt ihn mit schikanösen Kontrollen von der Arbeit ab; wenn er gar keinen Fehler in den Papieren finden konnte, sagte er am Schluß wenigstens : ‹S läuft halt zu viel Gesindel im Lande herum !› Einmal hat er mir einen Mann, der auf mein Geheiß Pendelbeobachtungen zum Nachweis eines äußerst interessanten Gravitationsdefektes durchführte, als betrügerischen Rutengänger vom Felde weg verhaften lassen ! Eingaben machte er, daß wir, wie alle ‹redlichen Beamten›, Uniform tragen sollten; daß wir mit unseren ‹ewigen herausfordernden

Messungen› die Landbevölkerung beunruhigten, das Vieh verstörten, usw. usw. Unsere beiderseitigen Untergebenen nahmen natürlich leidenschaftlich an der Auseinandersetzung teil; und wir wußten uns zu revanchieren ! Als der Kreis die neue Straße baute, wiesen wir in unserem Gutachten nach, daß sie durch seinen geliebten Garten gelegt werden müsse. In einer Fachzeitschrift für Montanwesen deuteten wir an, daß sich unter seiner Villa vermutlich ein ausgedehntes Salzlager befinde; er wurde ein volles Jahr lang täglich von Grundstücksmaklern, ernsthaften Interessenten, Schwindlern aller Art, überlaufen, und fast zum Wahnsinn getrieben.«

Er atmete zufrieden. »Eine Tochter hatte er; sein Liebling; und wirklich für einen Gendarmenhäuptling hübsch genug. Eines Tages erschien programmgemäß der übliche junge Mann, ein Dr. ing.; warb um sie; erhielt ihre Hand : wie schäumte der Herr Papa nach der Hochzeit auf, als er erfuhr, daß sein Schwiegersohn Vermessungsingenieur war. Und der Neffe vom alten Stürenburg dazu !« Er rieb sich intensiv die breiten weichen Hände : »Ich hatte dem Jungen eine nicht unerhebliche Bargeldsumme versprochen, wenn er das Ding drehen könnte – obwohl er, wie ich fürchte, schwach genug war, auch wirkliche Zuneigung für das bedauernswerte Geschöpf zu empfinden.«

Wir hatten amüsiert zugehört, und unsere Blicke richteten sich unwillkürlich auf das wasserblaue Kuvert inmitten des runden Tischchens. Sein großes Gesicht verdüsterte sich, und er griff unwirsch danach; aber schon während des Lesens verklärten sich seine Züge : »Die Einladung zur Taufe« verkündete er; und triumphierender : »Ein Junge. Er heißt Friedrich : nach mir ! – Noch heute lasse ich ein Sparkassenbuch für ihn ausschreiben. – Und sowas läßt mir der Alte durch einen Polizisten zustellen; nur um mich zu erschrecken !«

Wir teilten gefällig seine Entrüstung; umsomehr als er uns später angegriffen mitteilte, der andere Vorname des neuen Kleinen sei, nach dem zweiten Großvater, Karl gewesen : er habe seinen Trinkspruch auf Friedrich ausgebracht; Oberg auf Karls Gesundheit; die Eltern hätten vermittelnd von Friedrichkarl gesprochen : »Ganz zwiespältig sah das arme Wurm jetzt schon aus den Steckkissen« behauptete er.

DIE WASSERLILIE

Da wir heute etwas eher gekommen waren, fanden wir Vermessungsrat a. D. Stürenburg noch mit seinem Theodoliten beschäftigt; das kostbare Instrument war, wie er uns abwehrend von weitem erklärte, auf einem isolierten, 5 Meter tief versenkten Steinpfeiler aufgestellt, und berührte den Zementring, auf dem sich der Beobachter bewegte, an keiner Stelle. Noch einmal lugte er kritischen Mundes in das Ablesemikroskop, murmelte : »10 Minuten. 24 Komma 3 Sekunden« (»24 Komma 3« wiederholte Apotheker Dettmer ehrerbietig). Hagemann das Faktotum, hob kunstvoll ächzend die diversen Schutzkappen über das Gerät; und wir folgten Stürenburg zu unserer Plauderecke auf der Terrasse, wo eben auch Hauptmann von Dieskau zwischen den beiden Damen sichtbar wurde, »Eine Rose zwischen zwei Dornen« wie Dettmer verschämt witzig anmerkte.

»Wenn man genau die Höhe seines Instrumentes kennt –« schon hob der Hauptmann nörglig 5 rechte Finger dazwischen : was heißt hier Höhe ? Die Standfläche ?; und Stürenburg erklärte, mit Nachsicht, weil es sich um einen Infanteristen handelte, daß man selbstverständlich die Kippachse des Fernrohrs verwenden müsse. Er meckerte unlustig, und blies einen stäubenden Rauchkegel von sich; »Abajo vuelta« flüsterte ergeben der Apotheker, der in seiner Jugend einmal Spanisch gelernt hatte, und das nie vergessen konnte; aber schon fing Stürenburg grämlich an :

»Na ja; wir sind ja unter uns, und da – –. Also es war vor rund zwanzig Jahren – ich bin ja vorzeitig pensioniert worden, weil ich es damals mit den Nazi-Machthabern verdorben hatte : das muß ich Ihnen auch noch einmal erzählen ! – da stehe ich eines Abends genau so am Instrument und winkle ein bißchen; und sehe plötzlich drüben, am Strand bei Hude, ein Pärchen kommen. Nun habe ich eine besonders gute optische Ausrüstung und sah die beiden so, als wenn sie in ungefähr 50 Metern Entfernung wären. Sie schien einen grellroten Pullover zu tragen, und er hielt einen kleinen Koffer in der Hand. Sie gingen auf dem Laufsteg immer weiter vor; setzten sich vorn an das Pfahlwerk hin – : und auf einmal sehe ich doch, wie der Mann das Köfferchen ins Wasser gleiten läßt !« »Den Koffer ?« fragte Frau

Dr. Waring verständnislos; und auch der Apotheker schüttelte entrüstet die Backen.

»Ich zählte sogleich die Pfeiler ab, wo das passiert war – unterdessen hatten sich die beiden wieder aufgerafft, und waren landeinwärts geschlendert. – Dann bestieg ich mit Hagemann unsern Kahn und wir stakten hinüber. Erst als wir am Bollwerk festmachten, kamen mir Zweifel : was mich das überhaupt anginge ? ! Aber da waren wir nun einmal; und ich dirigierte Hagemann ins Wasser; der Dümmer ist ja so flach, daß man quer hindurch waten kann. Er fühlte eine zeitlang mit den Zehen, und hatte dann das Gesuchte gefunden; fuhr mit dem Fuß in den Griff, gab ihn an die Hand weiter, und mokierte sich sofort über ‹das Gewicht›. Nun mokiert er sich bekanntlich über Alles; ich hörte also gar nicht weiter hin; worauf er, immer maulend, das Ding auf die Ruderbank legte : tatsächlich neigte sich der Kahn leicht auf die Seite.« Dettmer nickte, als hätte er das gar nicht anders erwartet; der Hauptmann lächelte rechts über dergleichen Zivilistereien; ich erlaubte mir, auch der Nichte Emmeline eine Zigarette anzubieten (was aber von der Tante so entrüstet abgelehnt wurde, als hätte ich einen Verführungsversuch unternommen); Stürenburg beobachtete uns belustigt, wurde aber ungewöhnlich schnell wieder ernst, seufzte ein bißchen, und fuhr stirnrunzelnd fort :

»Die Schlösser schnappten mühelos auf; ich hob den Deckel – und sah : – – !« er beugte sich impressiv vor; : »in Decken gewickelt, schneeweiß, ein Kindergesicht. Mit breiten bläulichen Flecken; eine Wasserlilie auf der atemlosen Brust«. Erst jetzt konnte die Tante »Emmeline ! Du badest nicht mehr !« rufen; und : »Hol doch bitte noch einmal heißes Wasser aus der Küche. – Sie darf doch ? !« wandte sie sich mit vernichtender Freundlichkeit an Stürenburg, der überrascht einwilligte.

»Ich schlug entsetzt den Deckel wieder zu« (Dieskau nickte grimmig : entsetzt wegen *einer* Leiche; oh diese Schlipsträger !) »Hagemann ließ ihn zitternd vor Gruseln wieder hinunter; und wir verließen die Stelle. Natürlich jagten sich meine Gedanken : was tun ? ! : Was hätten *Sie* getan ?«

»Der Polizei. Meldung von der Unsittlichkeit gemacht.« hauchte Frau Dr. Waring indigniert. »Mord« flüsterte Dettmer angenehm ergriffen. Wir andern kratzten nachdenklich unsere Backen.

»Das dachte ich damals leider auch« sagte Stürenburg trübe; beschwichtigte die Tante, die ob des ‹leider› hochwollte; besah seine Zigarrenglut, und berichtete mürrisch weiter :

145

»Am nächsten Morgen fuhr ich mit dem Motorrad nach Hude :
richtig; dort wohnten sie beim Bauern. Ich traf das saubere Paar im
Dorf. Er : groß, schlacksig, rote Haare und Sommersprossen genug; sie :
schneeweiß und knochenlos dünn, mit schwarzen Ponyhaaren und
Augen. Fest und ruchlos sahen mich die jungen Gesichter an. Ein
‹Künstler› kriegte Hagemann raus.« Die Tante schnob pharisäern durch
die Nase; auch fiel ihr ein : »Bohème«.

»Der Kriminalkommissar aus Diepholz kam gleich mit. Wir stellten sie : ‹Haben Sie uns nichts zu sagen ?›. Sie wurden sichtlich unruhig;
schwiegen jedoch verstockt. Als wir uns dem Seeufer näherten, ließ er
das blasse Gesicht hängen; sie klammerte sich an seinen Arm, und ich
hörte sie flüstern : ‹Sollten wir's nicht besser beichten ?› – Als der Koffer
auf dem Bollwerk lag, schnappte er nach Geständnissen; aber schon
hatte der Beamte geöffnet : jetzt bei Tageslicht sah der Inhalt noch fataler
aus !«

Eben kam Emmeline mit heißem Wasser zurück : »Noch heißer !«
befahl die Tante verzweifelt, und sie mußte maulend wieder davon.
»Bitte rasch, Herr Rat« keuchte die Witwe erschöpft.

»Wir faßten angeekelt die Kanten der Decke, in die das Unglücks-
wurm eingewickelt war : schwer wie Stein lag es in unseren Händen –«
er drückte die kostbare Zigarre aus, er knirschte ärgerlich : »ach, was
soll ich lange erzählen ! So war es auch ! Der Kerl hatte ‹auf Vorrat› ein
‹schlafendes Kind› zusammengepfuscht – er war Bildhauer – und es in
den See versenkt, damit der Stein eine grünlich-antike Färbung annehm-
men, und ‹mehr bringen› sollte ! Ein Kollege hätte ihm den Trick
verraten : das machten viele so !« Er warf sich, noch heute wütend, in
den Sessel zurück; während wir uns unwillkürlich den Seegrund vorstellen mußten : über und über bedeckt mit modernen Statuen, die dort
teuer bezahlte Patina ansetzen sollten. Stürenburg stand auf, und forderte uns mit einer ungeduldigen Handbewegung zum Mitkommen
auf.

Im Schuppen hinterm Haus, dicht neben Hagemanns Fahrrad, lag
auf Kisten ein verstaubtes fuchsrotes Köfferchen : bitte. Dieskau, zähne-
fletschenden Mutes, öffnete. In braunkarierten Deckenresten lag ein
sinnig lächelndes schlafendes Kind. »Ich hab ihm das Dings abgekauft«
bekannte Stürenburg giftig, »für teures Geld. Um Aufsehen zu vermeiden.« Tja. Auch Apotheker Dettmer beugte sich darüber; plötzlich hob
er erleuchtet den vollen Kopf : »Das ist aber gar keine Wasserlilie, Herr
Rat«, wußte er von der überdimensionalen Blume : »das ist der
gewöhnliche Teichschwertel, Iris pseudacorus : ich weiß es bestimmt,

die Wurzel ist offizinell.« »Herrgott von Bentheim; auch das noch !«
fluchte Stürenburg. Stille. Dann fragte Dettmer verlegen : »Warum sagt
man eigentlich immer ‹von Bentheim› ?« Wir sahen einander an; wir
wußten es nicht.

ER WAR IHM ZU ÄHNLICH

»Oh. Geschichten weiß der Herr Rat : der könnte die Vögel von den Bäumen locken !« und sah mich von unten aus glitzernden Altersaugen an. »Jaja, gewiß, Hagemann« sagte ich diplomatisch, »aber ob sie auch alle wahr sind ?« Er warf sofort die Arme mit den noch immer mächtigen Fäusten in die Luft : »Wieso denn nicht ? !« nieselte er empört : »Was hier im Lauf der Jahre alles passiert ist ? ! – Und dann die vielen Ins-trumente : Ohgott, wenn ich nicht so'n festen Kopf hätte – –« er entfernte sich, unglaublich murmelnd, und ich begab mich unbefriedigt wieder zur Terrasse zurück, wo man mich schon erwartete.

Vermessungsrat a. D. Stürenburg erklärte eben dem Hauptmann, daß man auch als Zivilist durchaus noch bessere Karten einer Gegend als die allgemein für das non plus ultra angesehenen Meßtischblätter erwerben könnte. »Jedes Katasteramt verkauft Ihnen anstandslos für 6,– DM die sogenannten ‹Plankarten› im Maßstab 1:5000, die ebenfalls die gesamte Topographie enthalten – da haben Sie dann genau jedes einzelne Gebäude eingezeichnet; durch die Schraffierung sind Wohnhäuser von Schuppen unterschieden; Straßennamen; Alles : Sehr zu empfehlen !« Er nickte fachmännisch, und kerbte mit einem silbernen Spezialmesserchen seine Zigarre vorn ein : »Natürlich gibt es auch *noch* großmaßstäblichere Pläne; in Verbindung mit dem Grundbuch; die werden, falls Zeit ist, von den einzelnen Topographen laufend ergänzt –« er wiegte den mächtigen Kopf und stöhnte ein bißchen.

Vom See her wogte träge ein Windstoß heran; spülte flüssigkeitshaft lau über unsere Hände; das Luftmeer war heut bester Laune. »Gut für die Ernte« bemerkte Apotheker Dettmer wichtig; Frau Dr. Waring nickte gutsherrschaftlich (obwohl sie den Teufel etwas davon verstand); Nichte Emmeline dehnte verstohlen die badelustigen Beine, und während sie noch schlau zu mir herüber sah, hob Stürenburg bereits an :

»Sie wissen ja Alle, daß ich vor zwanzig Jahren, im Dritten Reich, vorzeitig pensioniert wurde – ich komme jetzt darauf, weil es auch mit Grundstückskarten zusammenhängt. Ich hatte damals die Katasterämter westlich der Ems unter mir, und war eben im Auto auf dem Wege nach Meppen, als ich nahe einer stattlich im Park liegenden Villa ein paar Landmesser bei der Arbeit sehe; Einer hat das Stativ aufgebaut; zwei

Gehilfen stehen malerisch auf die rotweißen Latten gelehnt : wie das so jeder kennt. Ich lasse Hagemann halten, steige aus, und gebe mich dem Mann am Fernrohr zu erkennen. Er sieht überhaupt nicht hoch, sagt nur scharf : ‹Fahren Sie weiter !› Nun war mir dieses zu dick : ich war ja schließlich sein übernächster Vorgesetzter; außerdem empörte es mein altes ehrliches Geodätenherz, daß das Fernrohr des Kerls irgendwohin mitten in die Villa zeigte. Auf meine Beanstandung hin sagte er drohender : ‹Gehen Sie Ihres Weges !›; hob auch den Kopf : ich hatte das Gesicht noch nie gesehen; wo ich doch alle meine Beamten kannte ! Jetzt wurde mir die Sache verdächtig; zumindest lag ja ‹Anmaßung von Dienstbefugnissen› vor. Ich forderte ihn also auf, in meinen Wagen zu steigen, und mir zur nächsten Polizeidienststelle zu folgen. Sein Gesicht wurde sofort brutal. Er machte sich klein zum Angriff; pfiff seine Komplizen herbei; die faßten mich, und hätten mich in mein Auto gestopft, wenn nicht Hagemann eingegriffen hätte : er warf, strategisch durchaus richtig, zuerst den Rädelsführer kopfüber in den tiefen Straßengraben – Moorboden, Sie wissen ja. Dann kam er mir zu Hilfe. Die beiden Fremden bildeten sich – glücklicherweise für uns – ein, sie müßten Hagemanns Kopf mit ihren Latten angreifen; und von diesem Augenblick an war der Kampf entschieden. Durch Faustschlag, Stoß und Zähnegeknirsch drang Hagemanns Haupt, gleichzeitig Schild und Angriffswaffe, unwiderstehlich vor; schon verlor der Eine Jacke und Hemd; während ich dem anderen die Nase öffnete. Unterdessen tauchte aus dem Graben das jetzt struppige Anlitz des Anführers; er rief seinen Leuten ein Kommando zu; worauf sie sich sofort zurückzogen, sich auf drei im Gebüsch versteckte Motorräder warfen, und davon stanken. «

Der Hauptmann hatte interessiert der Schilderung des Gefechtes gelauscht, nahm jetzt einen größeren Kognak, und Stürenburg fuhr fort :

»Mein erstes war, durch das geheimnisvoll gerichtete Fernrohr zu sehen : es zeigte mitten auf die Haustür ! Ich läutete den Besitzer heraus. Ein langer dürrer Mann, aschgrau vor Angst im Gesicht, erschien. Nachdem ich ihn informiert hatte, zog er mich flehend in die Tür, verriegelte hinter sich, und berichtete kurz : er sei Jude; und sein Haus würde seit drei Tagen von verkleideter Gestapo bewacht, die nur darauf warteten, daß einer seiner längst gesuchten Verwandten sich zu ihm stehlen wollte. Dann sollte auch er ‹abgeholt› werden ! Als er erfuhr, daß seine Wächter in die Flucht geschlagen seien, bat er mich – zitternd am ganzen Leibe, der arme Kerl : es ging ja auch buchstäblich um sein Leben ! – ob ich ihn nicht rasch im Auto zur nahen holländischen Grenze befördern könne ? Auf meine Einwilligung hin, rannte er treppauf, und kam sofort mit dem längst bereitgehaltenen Köfferchen zurück.«

Der Hauptmann, nicht direkt Antisemit, aber immerhin jedem vorgeschriebenen Gesetz gehorsam zu sein erzogen, knurrte unbefriedigt; während der gutmütige Dettmer fleißig nickte.

»Ich fuhr wie der Teufel die Straße nach Provinzialmoor. Er plapperte neben mir unaufhörlich, krankhaft nervös; zeigte auch ängstlich nach allen möglichen Vogelscheuchen. Ich machte vorm Schlagbaum die Kurve; er lächelte herzbrechend tapfer zum Abschied; und ich rollte nachdenklich wieder durch das flache Land zurück. Während ich noch in Meppen mit dem Leiter des Katasteramtes kopfschüttelnd den raren Fall besprach, wurde plötzlich die Straße voller Motorengeräusch; vier schwarzen Limousinen entstiegen gute zwanzig SS-Männer und umstellten die Eingänge : ich mußte mit. – Ja, natürlich; Hagemann auch. – Wir wurden zwar ein paar Tage später wieder entlassen, da unsere Unschuld an der Prügelei unschwer nachzuweisen war; und von meiner Beihilfe zur Flucht des unglücklichen Mannes schienen sie gotlob nichts zu ahnen ! Immerhin wurde ich durch eine ‹Verfügung› meines Amtes enthoben – später sogar pensioniert : keine Bemühung meiner Vorgesetzten hat etwas genützt.« Er hob die breiten Augenbrauen und fluchte bei der Erinnerung noch heut durch die Nase.

»Das für mich Niederschlagendste war, daß ich in jenen Tagen zusätzlich noch die Zeitungsanzeige vom Tode dieses betreffenden jüdischen Arztes lesen mußte. Da ich nichts zu tun hatte, kaufte ich einen Kranz und legte ihn am noch offenen Sarg nieder – er war in seiner Villa aufgebahrt, lang und dürr. Man hatte ihn also nicht durch die Grenze gelassen.«

Von Dettmer und der Tante kam ein gerührtes »Tsts«; der Hauptmann trank ehern; und Emmeline streifte sich zappelig den Rock höher : sie hätte ihn wohl über den Kopf ziehen und ins Wasser springen mögen. Aber noch sog Stürenburg unerbittlich an seiner Havanna :

»Merkwürdig war nur, daß ich 14 Tage später aus England einen eingeschriebenen Brief erhielt : darin ein begeistertes Dankschreiben meines Arztes, und – mein Führerschein ! Er hätte sich keinen anderen Rat gewußt, beichtete er, als ihn während unserer Fahrt aus dem Fach am Schaltbrett zu exproprieren : mit ihm sei er anstandslos durch den Schlagbaum gelassen worden ! Es stimmte auch; denn er hat mir später immer wieder dankbar geschrieben; zur Zeit lebt er in den USA und will nächstes Jahr auf Besuch kommen.«

»Ja aber –« wandte der Apotheker betroffen ein »– ich denke Sie haben ihn doch damals im Sarge gesehen ? !« und auch wir Anderen nickten verwirrt.

Stürenburg zuckte nur die Achseln : »Was weiß ich ? Vielleicht hat der SS-Führer, der ja wohl auch, wie damals üblich ‹mit seinem Kopf› für den Erfolg des Auftrages einstehen mußte, seinen ganzen Sturm antreten lassen;« er zuckte die Achseln : »– vielleicht hat ihm Einer zu ähnlich gesehen ?«

Er breitete die Hände und stand gewichtig auf. »Ja aber –« schnarrte der Hauptmann betroffen; »Ja aber –« sagte die Tante unzufrieden; »Ja aber –« dachten der Apotheker und ich uns in die überraschten Gesichter. Nur Emmeline schien mit dem Ausgang der Geschichte sehr zufrieden. Vielleicht auch nur, weil sie überhaupt zu Ende war ?

SCHWARZE HAARE

Eben hatte Hauptmann von Dieskau die sehr angenehme Geschichte von der Pest zu Aleppo beendet : wie sie damals abends waggonweise die Toten in die der Einfachheit halber ständig offen stehenden Massengräber zu schütten pflegten – worauf dann regelmäßig gegen Morgen ein Dutzend Pestleichen, die noch nicht ganz tot gewesen waren, wieder an der Tür ihrer Verwandten um Einlaß kratzten. »Ohmeingott!« rief Frau Dr. Waring erschöpft-angeekelt aus; und Apotheker Dettmer zog vorsichtshalber die Beine unter den Stuhl, vom Teppich weg, auf dem sich vom Kaminfeuer her Schattenrümpfe und rotgeschwollene Lichtglieder wanden.

Betroffen ob dieses unerwarteten Mißerfolges versuchte der Hauptmann es mit einem schnarrenden Hymnus auf die erhebende Öde und die seltsam engen Horizonte der Wüste, die man nirgendwo sonst wieder anträfe. »Außer vielleicht zur See« sagte Frau Doktor spitz (ihr Mann war Schiffsarzt gewesen); und da der Hauptmann geschlagen verstummte, erkundigte sich der stets bildungsdurstige Apotheker : »Wie weit kann man eigentlich im Allgemeinen so sehen, Herr Rat? ich meine : die Erde einmal als glatte Kugel vorausgesetzt.« Obwohl sich Stürenburgs Mund bei dem Wort ‹Kugel› leidend gefaltet hatte, versetzte er freundlich : »Nichts leichter als das, Herr Dettmer : Sie ziehen die Wurzel aus Ihrer Höhe in Metern; und nehmen sie mit 3,5 mal.« Als er das Zögern der Witwe bemerkte, gab er gefällig gleich noch das Beispiel: »Gesetzt, Sie befinden sich 100 Meter hoch; die Wurzel daraus ist 10 : also können Sie 3,5 mal 10 gleich 35 Kilometer weit im Umkreis sehen – annähernd natürlich; im Einzelnen schwankt das etwas.« »Merk Dir das, Emmeline« sagte Frau Dr. Waring scharf zu ihrer Nichte : »Das kannst Du nächsten Ostern vielleicht beim Abitur brauchen!« Stürenburg, stets Kavalier, ersparte der jungen Dame jede Stellungnahme, und fuhr siegesgewiß fort :

»Und was Ihre gerühmte Wüstenöde anbetrifft, Herr Hauptmann, : warum in die Ferne schweifen? Es ist gar nicht so lange her – in meiner Kindheit haben es mir Augenzeugen noch selbst erzählt! – da konnte unsere Lünenburger Heide es mit jeder Einöde aufnehmen. Das war in manchen Fällen unschätzbar; als z.B. 1831 die große Choleraepidemie – der nebenbei Männer wie Hegel oder Gneisenau zum Opfer fielen – von Osten nach Westen über Europa wanderte, da machte die Seuche mangels Verbreitungsmöglichkeit an der Ostgrenze der Heide halt.«

Der Apotheker streckte beruhigt die Beine wieder aus; Emmeline schüttelte mir, der ich hinter ihr saß, koketter den verführerischen Pferdeschwanz hin; Stürenburg, dessen Vermesseraugen heute noch nichts entging; notierte amüsiert auch dies, und er kam zum eigentlichen Thema :

»So verwirrend einförmig, ohne alle Landmarken, – die Aufforstungen sind ja erst viel später erfolgt – sah es zur Franzosenzeit, um 1810, da aus, daß der Gouverneur, der berühmte Marschall Davout, endlose Stangenreihen einschlagen ließ, um den Nachschubtransporten den rechten Weg anzuweisen. Nun blühte bekanntlich zu dieser Zeit der Kontinentalsperre das Schmugglerwesen; und die verwegensten solcher Burschen wandten zuweilen die Methode an, diese Wegemarkierungen umzusetzen. Also die zum Teil wertvollen Transporte in abseitige Einöden zu leiten, dort zu überfallen und auszuplündern.« Der Hauptmann, der beim Namen Davout ein haßvolles Knurren von sich gegeben hatte, lächelte anerkennend; der Apotheker, mehr geschult, Wunden zu heilen, als zu schlagen, sah unbehaglich drein; und Stürenburg fuhr fort :

»Es war im Spätherbst des Jahres 1811 – am 24. Oktober genau – als so eine tollköpfige Schmugglerbande den Trick wieder einmal angewendet hatte. Von der gewöhnlichen Soltauer Straße hatte man den französischen Geldtransport nach links in ein Gewirr von Mooren, Wiesen und Buschwerk abgeleitet; und dann, bei Einbruch der Nacht, nordwestlich von Schneverdingen, angegriffen. Diesmal allerdings waren die Franzosen stärker und besser bewaffnet, als man angenommen hatte; es entspann sich ein ziemlich hartnäckiges Feuergefecht, in dem es auf beiden Seiten Tote und Verwundete gab. Das dauerte so lange, bis die ernüchterten Schmuggler und nicht minder die Franzosen sich nach entgegengesetzten Richtungen zurückzuziehen begannen; die einen nach Westen in ihre pfadlosen Moorverstecke; die anderen, mühsam nach Kompaß, in Richtung Hamburg, wo damals der Regierungssitz der sogenannten ‹Hanseatischen Departements› sich befand. Die Bewohner der umliegenden Dörfer, nicht wenig erschreckt durch das hartnäckige Schießen, hatten zitternd das Deckbett dichter um den Kopf gezogen und sich nicht gerührt; entschlossen, es mit keiner der Parteien zu verderben. Als ein resolutes Mädchen erklärte : es sei doch ganz

153

einfach Menschenpflicht, den Ort des Treffens abzusuchen; die Toten christlich zu begraben, und die Verwundeten zu pflegen. Nach langem Widerstand ihres Vaters gelang es ihr, ein Bauerngespann zu erhalten; und von nur einem Knecht begleitet, fuhr sie tapfer an den Unglücksort. Tatsächlich brachte sie 4 Blessierte, 2 Deutsche und 2 Franzosen, mit heim; die Toten – ich weiß ihre Zahl nicht mehr genau; es waren jedoch wenige – blieben zunächst liegen. Sie verband die Unglücklichen eigenhändig; kochte ihnen entsprechendes Essen, und als am nächsten Tage der zuständige französische Gendarmerieleutnant Tourtelot von Nienburg eintraf – 3. Batl.; 34. Legion –«, fügte er für den fragenden Blick des Hauptmanns hinzu; »waren alle Verwundeten praktisch schon außer Gefahr, wenn auch noch nicht sämtlich transportfähig. Der Leutnant, ein hübscher schlanker Mensch, mit großer gebogener Nase und pechschwarzem Haar, äußerte noch in der Krankenstube seine Absicht, die Deutschen abzuführen, und strengster Bestrafung zu übergeben. Worauf das Mädchen vor ihn hin trat, und ihm, so hochdeutsch sie eben konnte, sagte : ‹Daraus wird nichts, Herr Leutnant ! Ich bitte zu bedenken, daß ich die armen Männer ja auch sämtlich hätte liegen lassen können; dann wären alle, auch Ihre Franzosen, jetzt schon steif und kalt. Geben Sie ein Leben fürs andere›. Der Leutnant, angenehm betroffen von dem großen blonden Mädchen vor ihm, erwiderte galant, daß es unverantwortlich wäre, die Verwundeten so guter Pflege zu entziehen; er werde sich eine Entscheidung vorbehalten, sich zunächst lediglich erlaubend, ab und zu nach dem Wohlergehen seiner Landsleute zu sehen. Sprachs, schwang sich aufs Pferd, verschoß einige sehr schwarze Blicke, und ritt davon. Fräulein Schumann verstand den Wink; und als Leutnant Tourtelot schon am nächsten Tage seinen Krankenbesuch machte, fand er die beiden Deutschen nicht mehr; auch schien ihm ein halbstündiges Gespräch mit dem Mädchen völlig ausreichender Ersatz. Ich will mich beschränken, da wir alle ja diese Art von Unterhaltungen kennen – Fräulein Emmeline ausgenommen –« fügte er geschmeidig hinzu »kurzum : Anfang 1812 fand die Hochzeit statt; in Eile, denn Leutnant Tourtelot mußte den großen Kaiser nach Rußland begleiten – von wo er nicht wiedergekehrt ist.«

Der Hauptmann knurrte national ob der ‹Völkischen Mischehe›; des Apothekers Gesicht drückte rundes Mitleid aus; auch Frau Dr. Waring bedauerte den Fall, forschte jedoch überlegen-ungläubig : »Das sind ja sehr interessante Anekdoten, Herr Rat : aber woher wissen Sie denn all diese Einzelheiten, schwarze Haare und so ? Das ist doch reine Erfindung !« Stürenburg erhob sich unverweilt, und kam nach wenigen

Sekunden mit einem Porträt en miniature zurück : ein junger Offizier in der Uniform der Chasseurs à Cheval, große kurfürstlich gebogene Nase, schimmerndes schwarzes Haar. Während es von Hand zu Hand ging, fügte Stürenburg lässig hinzu : »Mein Großvater väterlicherseits; das Kind, das im Januar 1813 geboren wurde, war mein Vater, der, später vom zweiten Gatten meiner Großmutter adoptiert, dann den Namen Stürenburg erhielt : neinnein, Gnädige Frau ! Wenn ich sage : Wurzel aus h mal 3,5 : dann stimmt das !«

»Wurzel aus H« murmelte ehrerbietig der Apotheker. »Schwarze Haare« hauchte träumerisch, nur mir hörbar, Emmeline.

DIE LANGE GRETE

»Als ich geboren wurde« sagte der Uralte, »war das nämlich noch ein Königreich für sich hier.« Er zeigte einmal sehr langsam um seinen Rasensitz herum, bis zu der gesägten Kiefernborte am Horizont : »Da war Alles noch ganz anders – –«; ich verstand mühelos : besser; und nickte ausdrucksvoll, um ihn bei Laune zu erhalten. »Damals gab es auch noch andere, als jetzt die glatt-gedrehten Dutzendmenschen –« er streckte mühsam die abgenutzten Beine und ordnete sie sorglich im Haidekraut »– und das hier wird wohl auch dazu gehören : ich sitze nämlich auf einem Grab, junger Mann !« Nun kann ich nichts schlechter vertragen, als dies junger Mann; ich bin immerhin in leidlichen Ehren 45 Jahre alt geworden, und wenn ich auch manchmal absurd jung aussehe .... also kaute ich noch eine Weile an dem Brocken, während er schon bedächtig fortfuhr :

»Ich war noch ein Junge, als die Lange Grete das erste Mal hier erschien, inmitten ihrer kleinen Schafherde, und wir Kinder hätten darauf geschworen, die Tiere müßten verhexte Menschen sein, so klug und selbstbewußt pflegten sie zu handeln. Jedes hatte seinen eigenen Namen, auf den es hörte; sie unterhielt sich auch vernünftig mit ihnen; und zumal nachts gab es lange Diskurse, wer heut am dichtesten bei ihr liegen dürfe : sie kam nämlich nie in ein Haus, sondern schlief, gewärmt von den Tieren, im Gebüsch. Morgens, wenn sie aufstehen wollte, rief sie den großen alten Widder – Hermann hieß er, glaube ich – der kam heran, und neigte den mächtigen Schädel, worauf sie die Hörner ergriff, und er sie mit einem einfachen Anheben des Kopfes in die Höhe zog. Sobald sie die Tiere nur einen Augenblick allein ließ, fingen sie gleich an, aufs Kläglichste zu blöken; und wenn sie dann zurückkam, drängten sich alle herzu und rieben die Köpfe an ihrer Hand.«

»Sie war ja wohl schwachsinnig; aber meist sehr gutmütig; und – im Gegensatz zu anderen ihres Schlages – gar nicht in Putz oder grelle Trachten verliebt : sie trug immer ihren alten niedergekrämpten Schäferhut; einen festen moorfarbigen Kittel, um die Schultern die Decke; in der Hand einen langen Stock, an dem sie auf seichtem Boden von Bult zu Bult sprang.«

»Ihre Geschichte erzählte sie Jedem, der sie danach fragte : sie war angeblich die Tochter eines wohlhabenden Bauern gewesen, und hatte sich in den Gutshirten verliebt. Der ehrgeizige, dazu jähzornige, Vater erschoß ihn während eines Wortwechsels; und er starb in Gretes Schoß; hinterließ ihr auch all seine Habseligkeiten – eben die Schafe und ihre Kleidung, die sie ohne Verzug anlegte, und das Vaterhaus verließ, um nie wieder dahin zurück zu kehren.«

»Eines Tages verlief sich der Leithammel Hermann auf eine fremde Wiese. Der mürrische Besitzer machte sogleich die Hunde los, die das arme Tier dann zu Tode hetzten : tagelang saß Grete neben dem Leichnam auf der Wiese; bis man sie endlich damit köderte, ein feierliches Begräbnis für ihn auszudenken, worauf sie auch mit großer Begeisterung einging. Wir Kinder waren alle dabei, und ich sehe noch wie heute den Sarg, der aus einer schwarz angestrichenen Kiste bestand, und die Grasbüschel und Feldblumen, die sie darauf ausgelegt hatte. Sie formte dann mit den Händen einen richtigen Grabhügel, drückte die Soden fest, und pflanzte ein Gehege aus Weidenruten darum. Bis an ihr Ende kam sie mehrmals im Jahre her, und brachte den Platz in Ordnung.« –

»Im Winter zog sie sich wohl tiefer in die Forsten zurück; verschmähte aber, außer vielleicht bei schwerem Schneetreiben, jedes Obdach. Viele Bauern gaben ihr auch, wenn sie vorbei kam, freiwillig Heu für die Schafe, und Suppe in ihren Napf. Wenn man sie übermäßig neckte, konnte sie auch sehr böse werden, und wünschte dann den Leuten so Schlechtes an den Hals, daß man sie, seitdem einiges in Erfüllung gegangen war, lieber in Ruhe ließ.«

»Einmal, als sie durch einen Ort kam, quälten sie die Schuljungen derart, daß sie sich endlich keinen Rat mehr wußte, und in ihrer Not zu Steinen griff. Worauf die Schlingel mit großem Hallo ebenfalls zu werfen anfingen, schließlich zu Ziegeln griffen, und das arme hintersinnige Wesen buchstäblich zu Tode steinigten.« –

»Und das hier ist also das Grab der Langen Grete ?« fragte ich, nach einer angemessenen Pause.

»Das hier ? : Oh nein.« erwiderte er nüchtern : »Hier liegt der Widder Hermann begraben. – Der Bauer, der ihn zu Tode hetzen ließ, hat sich natürlich 8 Tage später in seinem eigenen Brunnen ertränkt.« Er nickte würdig und billigend : Gerechtigkeit muß sein !

KLEINE GRAUE MAUS

»Ja. Abscheulich !« –

So schlecht war das Wetter plötzlich geworden, daß wir uns, ablehnend=kopfschüttelnd, sogleich wieder in Richtung Kamin zu unseren Sesseln begaben. Der Flammenchor tanzte und sang (eine rotbäuchige Primadonna blähte sich kurfürstlich unter zugespitztem gefärbtem Blauhaar), dann brüllte aber schon wieder ein Windrüpel dazwischen, nach Motiven von Orff. Während draußen untröstlich=weiblich der Regen schluchzte – ‹Die Regin› wäre viel treffender : unsere Sprache ist schlecht und unüberzeugend durchkonstruiert ! : Sie schlug ihr Silberhaar lang über die Scheiben, oh, the Dead they cannot rise; und kam sogleich entsetzt wieder : and you'd better dry your eyes; and you'd best go look for a new love !

Vermessungsrat a. D. Stürenburg klatschte entschlossen in die Hände. Hagemann erschien grämelnd, und empfing die geflüsterte Anweisung. Wenige Minuten später sahen wir, wie er nahe=fern vorm Fenster eine mannshohe Fackel in die Gartenerde stieß, und sie nach einigen Fehlleistungen anzünden konnte : rot glomm die gehetzte Flamme und trüb in der Dämmerung (*sehr* aufmerksam : *der* Blutfleck hatte grade noch gefehlt !).

Unverzüglich fiel Frau verw. Dr. Waring bei solcher Fleischfarbe ihr jüngster Zoobesuch ein : Raubtierfütterung, Bratwürstchenrestaurant (und auch der ‹Führer› fand sich noch in der Handtasche : 80 westdeutsche Bundespfennige hatte er gekostet, unglaublich !).

»Und ? – Aber es ist, wie ich ausdrücklich betonen möchte, eine hinterhältige Frage – : Welche Tiere haben Ihnen am besten gefallen ?«. Aber die Damen waren von Apotheker Dettmer und Hauptmann von Dieskau begleitet gewesen, und fühlten sich in Anbetracht so zahlreicher Mitschuldiger relativ unangreifbar.

Von Dieskau ? : »Hyänen !« schnarrte er boshaft=aufrichtig; dann noch : »Geier : sehr nützlich auf Schlachtfeldern, ‹Türme des Schweigens›, so gut wie Sanitätspersonal, hähä.« Wir hoben im Chor die Brauen, und richteten die Augenpaare auf den nächsten : ?

Der runde Apotheker Dettmer atmete erst einmal zaghaft; lächelte entschuldigend im Halbkreis, und faltete die netten Fingerspargel; noch-

158

mals bat seine Fußspitze um Entschuldigung (schon fing Dieskau an zu grunzen) : »Die Giraffen !« gestand er bärtchenhaft=errötend : »so schlank und gelenkig –« (seine Hände bildeten eine Hochgestalt in Richtung Zimmerdecke) : »und so – : so hellbraun !«

Fräulein Emmeline ? (»Sie sollten heiraten !« warf Dieskau noch brutal dem Apotheker zu). Bei ihr waren es die ‹Graziösen Flamingos› gewesen; worauf allgemeine Billigung=Mißbilligung erfolgte. Der unanständig biologische Fackelfleck draußen schwabbelte breit wie ein erweitertes Herz : unappetitlich !

Frau Dr. Waring ? Sie lächelte zugespitzten Mundes; das Gesicht unterm fahl vertuschten Gehaar zeigte erst die übliche Libration : »Die Elefanten ! : Was müssen die für eine Stärke haben !« Mein rechtes und Dieskaus linkes Auge begegneten sich kurz : ! (‹Stärke› : Anfangsechzigerin). –

Stürenburg hatte sie alle wohlwollend registriert, nil humani. In die Gesprächspause hinein bot Hagemann den Pic belegter Brote; Dieskau ließ Pfeffer und Salz regnen; warum aß Emmeline so viel Sardellenpaste ? (Salacität ?).

»No, Hagemann ?« – Stürenburg hatte's kurz erklärt – : »Was ist das merkwürdigste Tier, das *Du* je gesehen hast ? ! !«. Er stellte die Schwedenplatte merkwürdig lange ab (fast herausfordernd ? Und ich öffnete begierig ein weißes Notizblatt meines Gedächtnisses).

»'ne Maus, Herr Rat : 'ne kleine, graue Maus.« So boshaft funkelten Hagemanns Heidjeräuglein, als er hinter unsern Halbkreis trat und erzählte (plattdeutsch; ich übersetze's, sorgfältig, als verläßlicher Chronist – mehr bin ich nicht).

»Das war damals, um 19 Hundert 4 –« er faltete sein Gesicht elefantig auseinander; die große Hand ans Kinn : »– oder 5 ?« (ausgezackt, die Handscheibe; fast *zu* glaubhaft). »Wir maßen damals grade den ‹Oldenburger Kranz› nach, und suchten alte Vermarkungen« (»Äh=die hannoversche Vermessung, die seinerzeit Gauß durchgeführt hat« schaltete Stürenburg unruhig=erläuternd ein : das war ja äußerst interessant, diese Differenz heute zwischen Herr und Knecht !).

»Wir waren da mit einem guten Theodoliten mitten im Moor. Die Chronometer zeigten eben Mittag; und schon kam uns vorschriftsmäßig der Schlaf an. Die Brust von Herrn Rat ging auf und nieder« (seine Hände bewiesen gleich den Schlummertakt) : »– und ich wollte natürlich wachen.« (Wir nickten billigend; also ganz getreuer Ekkart).

»Plötzlich s=tockte sein Atem. Anges=panntes Gesicht – : und mit einem Mal hüpft ein ganz kleines graues Mäuschen aus dem halbgeöffneten Munde ! Sieht sich mit funkelnden Äuglein im Grase um; schlüpft in die Kiefernschonung; ich folge natürlich, und behalte beide immer im Auge, den Herrn Rat und das Tierchen.«

»Bald stand es stille; denn es kam an ein Rinnsal – so klein, daß jedes Kind es überschritteln konnte : für die Maus aber war es ein S=trom, breiter als, och, die Weser vielleicht. Lief ängstlich hin und her, bald links, bald rechts, ob sie nich 'rüber springen könnte ? Da nahm ich endlich die Messlatte, und legte sie mitleidig so hin« (Er zeigte : ‹so !›) : »Die Maus schien erst erstaunt, trat dann aber sehr behutsam auf die rot=weiß gestreifte Bahn, und ging hinüber, worauf sie sich in einem Mooshümpelchen verlor : der Herr Rat lag noch wie tot zwischen den Bulten.«

»Also Hagemann ? !« rief Stürenburg betroffen : »Davon weiß ich ja noch gar nichts !«

»Die großen Herren wissen manches nich !« entgegnete der nur nieselig=patzig; fuhr auch schon fort : »Ich kriegte beinah' Angst; denn wer hätte mir solche Mausgeschichte wohl geglaubt ! – Da s=pringt auf einmal das kleine Wesen, die Äuglein noch heller glitzernd, aus den Stengeln hervor. Sieht sich kurz um. Setzt die netten Beine wieder prüfend auf unsere lackierte Skala, und wandelt behutsam bis zur Null : ich nehm gleich die Latte auf, und geh' hinterher. Das war fast unziemlich, wie das Getier dem Herrn im Gesicht 'rumhantierte; und ich überlegte schon, ob ich es nicht greifen und festhalten sollte ? – Aber ehe ich noch ein' Entschluß fassen konnte, war es schon wieder zum Munde hineins=paziert.« (»Also Hagemann ! !« rief Stürenburg protestierend; aber dem funkelten nur die Mausäuglein : weiter !)

»Kaum war die Maus drinnen, atmete die Brust wieder; ein Lächeln legte sich über's ganze Gesicht; und unmittelbar danach richtet der Herr sich auf, sieht sich um, schüttelt den Kopf, als wenn er die letzten Flocken eines Traums aus den Haaren schütteln will, und sagt zu mir : ‹Hagemann›, sagt er : ‹Setz' Dich neben mich; ich erzähl' Dir was› !«.

»‹Und zwar den allerseltsamsten Traum, der jemals ein Menschenhirn besucht hat. – Ich war kaum hier beim Grundlosen eingeschlafen –›« (»Ein kleiner See. Oder besser Teich.« schaltete Stürenburg hastig ein : geschieht ihm recht ! Und Hagemann nickte abgründig : jaja; s=timmt alles !) : »als mir dünkte, ich' ginge von hier aus weit in den dicken Wald rein. Enorm hohes Gras, das bald über meinem Haupt zusammenschlug; und auf einmal hörte ich ein ungeheures Tosen, wie von großen Wasserfluten : ein breiter Strom, dessen jenseitiges Ufer ich kaum absehen konnte. Ich lief bald hier= bald dorthin; denn etwas

Unbeschreibliches trieb mich an, als wenn ich um jeden Preis hinüber gelangen müßte. Ängstlich spähte ich nach irgend einem Fahrzeuge; plötzlich aber erblickte ich eine breite, rot=weiß gestreifte Brücke – ohne Geländer, ohne Brustwehr – blendend und gleißend im Sonnenstrahl. Behutsam betrat ich die glatte Bahn, langsam vorschreitend, um nicht auszugleiten und zu stürzen in den mächtigen Waldstrom. Ich kam glücklich hinüber. Geriet nach langer Wanderung in einem hohen Wirrwalde plötzlich an eine schattige Höhle – und erblickte da – : ?«

Pause. Offene Münder um den zischelnden Flammenchor. Stürenburgs Mundwinkel hingen. (Aber geschieht ihm ganz recht ! Sonst hat er immer alles besser erlebt !).»Na, was war zu sehen ? !« schnarrte Dieskau, wütend vor Neugier.

»Einen mächtigen viereckigen Block aus gleißendem Gold !« (Langsam und feierlich) : »‹Ich nahm mir eindringlichst vor› – sagte der Herr – ‹mir die Merkmale genau einzuprägen, um die Stelle ja wieder zu finden; und verließ die moosigen Wölbungen. Ängstete mich, ob die Brücke noch daliegen würde. Dann noch ein allmählich in Grün und Pflanzengeleucht immer undeutlicher werdender Weg. – Und erwachte traurig : das alles nur ein Traum gewesen sei !›«

Hagemann sah sich triumphierend um. Hagemann präsentierte hinterhältig=gebückt noch einmal die Brötchenplatte. Murmelnd :»Ich führte Herrn Rat dann hin zu der Stelle – so mit Umwegen. Wir gruben da wohl nach – : *und* fanden die Messingplatte von'n Herrn Carl Friedrich Gauß.« Hämisch=bescheiden :»Das war das merkwürdigste Tier, was *ich* so gesehn hab'.«

»Also Hagemann : wir haben den Punkt doch durch Messung gefunden !« rief Stürenburg entrüstet; »das heißt – : an den Traum erinnere ich mich jetzt auch wieder ! – Aber das mit der Maus – : Hagemann, Du lügst ! Davon weiß ich ja noch gar nichts !«

Der Wind pfiff wie ein Torfschiffer.»Die großen Herren wissen manches nich« murmelte Hagemann. Ging hinaus; kam lauteren Schrittes wieder :»Hier iss die Messingplatte von'n alten T.P. : die die Maus gefunden hat.« Sie wurde wortlos von Hand zu Hand gereicht.

Ein feiner Regen fiel nachher. Die Fackel rötelte in der Dämmerung. Wir entfernten uns nach verschiedenen Richtungen.

ERSTVERÖFFENTLICHUNGEN

TINA :
in ‹Augenblick› 4, 1956

GOETHE :
in ‹Texte und Zeichen› 3, 1957

TROMMLER BEIM ZAREN :
in ‹Süddeutsche Zeitung›, 26. September 1959

SCHLÜSSELTAUSCH :
unter dem Titel *Schlüsseltausch mit einer Sammlerin*
in ‹Frankfurter Allgemeine Zeitung›, 3. Mai 1957

DER TAG DER KAKTUSBLÜTE :
in ‹Süddeutsche Zeitung›, 21. Juli 1956

NACHBARIN, TOD UND SOLIDUS :
in ‹Die Andere Zeitung›, 16. Februar 1956

LUSTIG IST DAS ZIGEUNERLEBEN :
in ‹Nürnberger Nachrichten›, 27. Juli 1955

DIE VORSICHTIGEN :
unter dem Titel *Nur ein Schritt vor die Türe*
in ‹Süddeutsche Zeitung›, 27. Juli 1957

SELTSAME TAGE :
unter dem Titel *An solchen Tagen*
in ‹Süddeutsche Zeitung›, 20. Oktober 1956

ROLLENDE NACHT :
in ‹Die Andere Zeitung›, 21. November 1957

WAS SOLL ICH TUN ? :
in ‹Frankfurter Allgemeine Zeitung›, 12. Januar 1957

RIVALEN :
in ‹Frankfurter Allgemeine Zeitung›, 26. August 1958

AM FERNROHR :
Südwestfunk, 1. Programm, Landesstudio Rheinland-Pfalz,
9. Januar 1958, 11 h 45–11 h 55

GESCHICHTEN VON DER INSEL MAN :
in ‹Frankfurter Allgemeine Zeitung›, 6. April 1957

SCHULAUSFLUG :
Südwestfunk, 2. Programm, Landesstudio Rheinland-Pfalz,
23. Oktober 1958, 19 h 15–19 h 45

ZÄHLERGESANG :
Südwestfunk, 2. Programm, Landesstudio Rheinland-Pfalz,
11. Juli 1957, 20 h 15–20 h 25

NEBENMOND MIT ROSA AUGEN :
in ‹konkret›, September 1962

AUF DEM RÜCKEN ERZÄHLT :
in ‹Süddeutsche Zeitung›, 12. Mai 1956

EIN LEBEN IM VORAUS :
in ‹Hannoversche Presse›, 9. Juni 1956

DAS HEULENDE HAUS :
in ‹Hannoversche Presse›, 3. September 1955

SOMMERMETEOR :
in *Auf den Spuren der Zeit. Junge deutsche Prosa,*
hrsg. von Rolf Schroers. München: List 1959

KLEINER KRIEG :
unter dem Titel *Bericht vom kleinen Krieg*
in ‹Hannoversche Presse›, 27./28. Oktober 1956

DIE WASSERLILIE :
unter dem Titel *Das Kind mit der Wasserlilie*
in ‹Hannoversche Presse›, 23./24. März 1957

ER WAR IHM ZU ÄHNLICH :
in ‹Fuldaer Volkszeitung›, 14. Dezember 1956

SCHWARZE HAARE :
in ‹Hannoversche Presse›, 15./16. September 1956

DIE LANGE GRETE :
in ‹Kölner Stadt-Anzeiger›, 15. Mai 1956

KLEINE GRAUE MAUS :
unter dem Titel *Große Herren wissen manches nicht*
in ‹Tagesspiegel›, Berlin, 19. Dezember 1956